5 ASTUCES POUR DÉMARRER !

1) COMMENT RÉSOUDRE LES MOTS MÊLÉS

Les puzzles sont dans un format classique :

- Les mots sont cachés sans espaces, tirets, ...
- Orientation : Les mots peuvent être écrits en avant, en arrière, vers le haut, vers le bas ou en diagonale (ils peuvent être inversés).
- Les mots peuvent se chevaucher ou se croiser.

2) UN APPRENTISSAGE ACTIF

Un espace est prévu à côté de chaque mots pour noter la traduction. Pour favoriser un apprentissage actif un **DICTIONNAIRE** à la fin de cette édition vous permettra de vérifier et étendre vos connaissances. Cherchez et notez les traductions, trouvez-les dans le Puzzle et ajoutez-les à votre vocabulaire !

3) MARQUEZ LES MOTS

Vous pouvez inventer votre propre système de marquage. Peut-être en utilisez-vous déjà un ? Sinon, vous pourriez, par exemple, marquer les mots qui ont été difficiles à trouver d'une croix, ceux que vous avez aimés d'une étoile, les mots nouveaux d'un triangle, les mots rares d'un diamant, etc...

4) STRUCTUREZ VOTRE APPRENTISSAGE

Cette édition vous offre un **CARNET DE NOTES** très pratique à la fin du livre. En vacances ou en voyage ou à la maison, vous pouvez facilement organiser vos nouvelles connaissances sans avoir besoin d'un second bloc-notes !

5) VOUS AVEZ FINI TOUTES LES GRILLES ?

Allez à la section bonus **CHALLENGE FINAL** pour trouver un jeu gratuit à la fin de cette édition !

Simple et Rapide ! Découvrez notre collection de livres d'activités pour votre prochain moment de détente et **d'apprentissage**, à juste un clic de distance !

Trouvez votre prochain défi sur :

BestActivityBooks.com/MonProchainLivre

À vos marques, prêts... Partez !

Saviez-vous qu'il existe environ 7 000 langues différentes dans le monde ? Les mots sont précieux.

Nous aimons les langues et avons travaillé dur pour créer les livres de la plus haute qualité pour vous. Nos ingrédients ?

Une sélection des thématiques d'apprentissage adaptée, trois belles parts de divertissement, puis nous ajoutons une cuillère de mots difficiles et une pincée de mots rares. Nous les servons avec soin et un maximum de plaisir pour vous permettre de résoudre les meilleurs jeux de mots mêlés qui soient et d'apprendre en vous amusant !

Votre avis est essentiel. Vous pouvez participer activement au succès de ce livre en nous laissant un commentaire. Nous aimerions vraiment savoir ce que vous avez préféré dans cette édition !

Voici un lien rapide qui vous mènera à la page d'évaluation de vos commandes :

BestBooksActivity.com/Avis50

Merci pour votre aide et amusez-vous bien !

De la part de toute l'équipe

1 - Été

```
И  P  F  H  F  I  O  H  Z  J  L  P  B  K
C  L  Y  O  A  G  A  D  B  Y  A  R  U  A
A  A  U  J  И  R  T  T  M  I  C  I  P  M
P  Ž  L  Z  V  E  Z  D  E  O  B  J  D  P
S  A  N  D  A  L  E  A  Z  I  R  A  D  O
R  E  L  A  K  S  A  C  I  J  A  T  S  V
M  O  R  E  B  F  Z  U  M  M  D  E  L  A
I  G  N  H  R  A  N  A  M  U  O  L  O  N
O  I  I  J  Z  O  Š  F  F  Z  S  J  B  J
F  A  S  L  E  P  R  T  A  I  T  I  O  E
D  F  G  K  I  N  R  A  A  K  A  T  D  Y
F  И  P  И  J  M  J  P  Y  A  T  T  N  B
A  P  K  N  J  I  G  E  B  Z  G  V  O  C
L  J  E  P  O  R  O  D  I  C  A  B  G  G
```

PRIJATELJI	MORE
KAMPOVANJE	MUZIKA
ZVEZDE	HRANA
PORODICA	PLAŽA
BAŠTA	RONJENJE
IGRE	RELAKSACIJA
RADOST	SANDALE
KNJIGE	ODMOR
SLOBODNO	

2 - Adjectifs #2

```
S  E  E  N  O  D  G  O  V  O  R  A  N  И
K  L  N  P  O  Z  N  A  T  Č  I  S  T  A
K  E  A  И  P  V  B  F  H  T  D  G  A  V
R  G  P  N  R  A  A  Z  Z  V  T  P  K  P
E  A  O  D  O  U  P  A  D  M  O  Ć  A  N
A  N  N  I  D  T  R  N  R  R  И  C  J  S
T  T  O  V  U  E  I  I  A  L  A  J  A  U
I  A  S  L  K  N  R  M  M  L  B  V  K  V
V  N  N  J  T  T  O  L  A  Y  F  O  J  A
N  F  I  A  I  I  D  J  T  C  O  P  O  D
E  O  M  L  V  Č  N  I  I  O  P  I  M  S
Y  J  T  N  N  A  O  V  Č  H  A  S  Y  L
D  A  U  V  I  N  F  O  A  K  J  N  Y  E
N  A  D  A  R  E  N  Z  N  G  P  I  И  M
```

AUTENTIČAN
POZNAT
KREATIVNE
OPISNI
NADAREN
DRAMATIČAN
ELEGANTAN
PONOSNI
JAK
ZANIMLJIVO

PRIRODNO
NOVA
PRODUKTIVNI
MOĆAN
ČISTA
ODGOVORAN
ZDRAV
SLANO
DIVLJA
SUVA

3 - Exploration

Ž	J	S	A	N	O	V	A	B	B	D	L	G	Z
I	I	V	O	K	U	L	T	U	R	A	J	B	E
V	D	E	P	P	T	R	O	V	Z	L	S	E	L
O	I	M	A	Y	A	I	O	B	T	E	R	E	N
T	V	I	S	N	E	S	V	H	T	K	L	H	U
I	L	R	A	C	L	R	N	N	C	O	H	R	Z
N	J	P	N	H	B	L	V	O	O	J	E	A	B
J	A	J	E	Z	I	K	A	A	S	S	B	B	U
E	A	P	N	E	P	O	Z	N	A	T	T	R	Đ
O	D	R	E	Đ	I	V	A	N	J	E	I	O	E
I	S	C	R	P	L	J	E	N	O	S	T	S	N
O	T	K	R	I	Ć	E	I	O	Z	E	H	T	J
P	U	T	O	V	A	T	I	L	L	R	M	S	E
M	U	U	A	A	C	Z	A	N	A	D	G	C	R

AKTIVNOST	ISCRPLJENOST
ŽIVOTINJE	NEPOZNAT
HRABROST	JEZIK
KULTURA	DALEKOJ
OPASNOSTI	NOVA
OTKRIĆE	OPASAN
ODREĐIVANJE	DIVLJA
SVEMIR	TEREN
UZBUĐENJE	PUTOVATI

4 - Formes

```
T R O U G A O T S K R U G C
O Y O O L U P R L L E P A I
L M L P L O U I J O D B O L
P R A V O U G A O N I K V I
P I A V N C A T Z R A R A N
H O H И V U O S C S L I L D
I D L S F E R I T G K V N A
P K T I I V I C E R E E E R
E A P E G B S R N I A Y U A
R G C O K O K O C K A N P Y
B S A T L I N T P B F L A D
O K L I P I R A M I D E U A
L P R I Z M E E L I P S E K
A B Z M K V A D R A T V Z D
```

LUK	ELIPSE
IVICE	HIPERBOLA
KVADRAT	RED
KRUG	OVALNE
UGAO	POLIGONA
KRIVE	PRIZME
KLIP	PIRAMIDE
STRANA	PRAVOUGAONIK
KOCKA	SFERI
CILINDAR	TROUGAO

5 - Salle de Bains

```
T  Z  M  F  И  S  P  K  P  V  C  A  I  Š
O  G  L  E  D  A  L  O  E  O  A  J  И  A
A  T  U  Š  H  P  G  O  Š  D  K  G  A  M
L  L  E  D  J  U  M  Z  K  A  M  N  L  P
E  O  Y  P  C  N  R  L  I  J  K  I  A  O
T  S  K  B  I  M  C  I  R  I  L  Z  P  N
U  I  U  P  I  H  P  D  Ć  G  E  L  B  B
A  O  P  N  M  Y  J  P  K  A  A  C  P  S
N  N  K  A  Đ  S  L  A  V  I  N  A  A  I
Z  P  A  A  A  E  A  H  L  И  I  Z  R  T
G  P  E  N  V  D  R  B  T  M  N  A  E  J
U  N  B  O  S  F  M  O  M  J  L  E  F  J
G  B  P  A  R  F  E  M  G  A  F  E  R  O
M  A  K  A  Z  E  O  E  Y  H  И  T  D  T
```

KUPKA	PARFEM
MEHURIĆA	SLAVINA
MAKAZE	SAPUN
TUŠ	PEŠKIR
VODA	ŠAMPON
SUNĐER	TEPIH
LOSION	TOALET
OGLEDALO	PARE

6 - Adjectifs #1

```
T N H U C A N U P A E A L A
U E E Y N E F F D R G K Z T
E T Š V A Ž N O M O Z T A R
C E A K I E S R N M O I M A
S И L S A N L S H A T V B K
I D E N T I Č A N T I A I T
M P P Z Y S N S H I Č N C I
O M A B И K B U P Č N T I V
D J L O G R O M A N E H O N
E A Y A I E G S P O R O Z E
R H P F D N T A N A K P A A
A A P S O L U T N E H S N R
N Z A V E L I K O D U Š A N
J K O I U M E T N I Č K E B
```

APSOLUTNE
AKTIVAN
AMBICIOZAN
AROMATIČNO
UMETNIČKE
ATRAKTIVNE
LEPA
EGZOTIČNE
OGROMAN
VELIKODUŠAN

ISKREN
IDENTIČAN
VAŽNO
NEVIN
MLAD
SPORO
TEŠKA
TANAK
MODERAN

7 - Instruments de Musique

```
S G S U Y V T И F G T B M B
Y K A I D F I M И O R O A G
G L K R P A V O M N U S N R
I A S L V G R U L G B S D Z
T R O M B O N A O I A A O T
A I F L E T P L L O N E L S
R N O B N V G N O J R U I L
A E N K D K S P И J K S N F
K T A O Ž K L A V I R E A L
E J U M O H A R M O N I K A
B U B A N J T Y G L B G U U
Z T A M B U R A Š A K O Z T
H A R F E B A T A K B T U A
V I O L O N Č E L O E P A S
```

BENDŽO	UDARALJKE
FAGOT	KLAVIR
KLARINET	BATAK
FLAUTA	SAKSOFON
GONG	BUBANJ
GITARA	TAMBURAŠA
HARMONIKA	TROMBON
HARFE	TRUBA
OBOU	VIOLINU
MANDOLINA	VIOLONČELO

8 - Échecs

```
I  G  R  A  L  P  R  V  A  K  S  P  C  Z
M  H  R  E  P  E  P  U  N  O  T  R  R  O
Ž  R  T  V  O  V  A  N  J  E  R  A  N  J
K  B  R  L  E  K  S  G  P  V  A  V  A  T
A  O  E  C  N  R  I  K  F  R  T  I  A  A
L  L  Y  C  I  A  V  I  M  E  E  L  R  K
T  I  B  M  G  L  N  J  G  M  G  A  B  M
K  U  P  Y  R  J  I  J  S  E  I  H  K  I
L  R  R  F  A  I  H  Z  G  J  J  G  P  Č
F  D  A  N  Č  C  G  T  A  F  U  E  L  E
N  P  Y  L  I  A  L  P  F  Z  P  C  O  N
E  O  K  P  J  R  K  A  B  E  O  K  H  J
P  R  O  T  I  V  N  I  K  V  P  V  A  E
N  D  I  J  A  G  O  N  A  L  E  N  A  U
```

PROTIVNIK	PASIVNI
BEO	POENI
PRVAK	KRALJICA
TAKMIČENJE	PRAVILA
IZAZOVA	KRALJ
DIJAGONALE	ŽRTVOVANJE
IGRA	STRATEGIJU
IGRAČ	VREME
CRNA	TURNIR

9 - Herboristerie

```
K L A V A N D E J P M B Y D
O O O R I G A N O A B A M K
M A R O M A T I Č N O Š A U
O P M I P E R Š U N S T J L
R N L C S Z E L E N I A O I
A E S K U T C U Z M L M R N
Č T C V E T A U N Z J H A A
P J D A K R K N K G A L N R
Y S N L N A N E M U K A P S
U R S I Š A F R A N S S D K
F A G T S A S T O J A K U E
S G A E S T R A G O N N U И
B T M T B E L I L U K Y T P
R U Z M A R I N Z A P Y S L
```

BELI LUK	LAVANDE
AROMATIČNO	MAJORAN
BOSILJAK	NANE
KORISTAN	ORIGANO
KULINARSKE	PERŠUN
ESTRAGON	KVALITET
KOMORAČ	RUZMARIN
CVET	ŠAFRAN
SASTOJAK	UKUS
BAŠTA	ZELEN

10 - Véhicules

```
H  P  S  K  U  T  E  R  M  N  M  A  B  K
E  O  C  Z  Y  A  Č  A  M  A  C  U  I  A
L  D  I  I  И  K  H  I  T  N  U  T  C  R
I  M  P  Z  D  S  P  L  A  V  O  O  I  A
K  O  E  G  G  I  Z  K  Y  K  A  B  K  V
O  R  S  T  U  S  Š  A  T  L  L  U  L  A
P  N  E  N  R  M  A  M  V  И  И  S  M  N
T  I  M  K  R  O  E  I  A  I  B  P  O  J
E  C  T  R  A  K  T  O  R  R  O  S  T  K
R  E  L  L  K  U  A  N  G  P  C  N  O  O
A  Y  S  G  E  T  R  A  J  E  K  T  R  L
U  R  K  И  T  J  U  V  G  S  B  И  A  A
M  Y  D  L  A  T  V  S  A  T  V  A  T  P
V  A  J  P  Z  L  L  Y  P  V  P  S  V  L
```

HITNU	MOTOR
AVION	ŠATL
ČAMAC	GUME
AUTOBUS	SPLAV
KAMION	SKUTER
KARAVAN	PODMORNICE
TRAJEKT	TAKSI
RAKETA	TRAKTOR
HELIKOPTER	BICIKL
METRO	KOLA

11 - Camping

```
K O M P A S I P P F Š U M A
I A J E Z E R O R E K A N U
N V B R S N R Ž I N Z U J Š
S A V I S E Ć A R J P A K A
E N G P N Š C R O E V T Y T
K T U B A E U U D R B N G O
T U A M K Š T V A T T H D R
P R L C J I R A K L G S H L
P A O H H R N E O Y N R S C
S P V P L A N I N E Z P N O
M A P A R Ž I V O T I N J E
V E G N O E P N P A E P U J
U K J E Y A M H A C V I B N
A B H K J L S A C E G U J V
```

ŽIVOTINJE	POŽAR
AVANTURA	ŠUMA
KOMPAS	VISEĆA
KABINE	INSEKT
KANU	JEZERO
MAPA	FENJER
ŠEŠIR	MESEC
LOV	PLANINE
KONOPAC	PRIRODA
OPREMA	ŠATOR

12 - Conservation

```
Z O J K L I M A И T P I R O
R A E K O L O Š K A R J K R
F E G Z E L E N I S I A D G
N M C A T P P I T R N M A
P J T I Đ V N N U A O E O N
O A E S K E O N B N D K D S
H U J D И L N D J I N O R K
C I K L U S I J A Š O S Ž I
D Y V T F P F R A T G I I R
Z D R A V L J E A E E S V N
S M A N J I T I O Z A T C K
И O B R A Z O V A N J E A C
V O L O N T E R Y P C M I A
P E S T I C I D S И C T J B
```

VOLONTER	PRIRODNO
KLIMA	ORGANSKI
CIKLUS	PESTICID
ODRŽIV	ZAGAĐENJA
VODA	RECIKLIRA
EKOLOŠKA	SMANJITI
EKOSISTEM	ZDRAVLJE
OBRAZOVANJE	ZELEN
STANIŠTE	

13 - Écologie

```
R  P  R  I  R  O  D  A  B  P  Y  O  M  M
R  E  S  U  R  S  E  P  K  R  M  P  O  И
A  F  P  L  A  N  I  N  E  I  O  S  Č  F
Z  A  J  E  D  N  I  C  E  R  R  T  V  L
N  U  B  I  L  J  K  E  F  O  S  A  A  O
O  N  R  V  L  B  M  Y  Y  D  K  N  R  R
L  E  A  O  R  R  J  J  L  N  I  A  A  E
I  H  Z  L  A  H  Y  N  K  O  H  K  P  P
K  L  L  O  V  A  U  V  L  И  P  Z  Y  F
O  C  I  N  U  R  Z  M  I  S  E  P  O  Y
S  K  Č  T  C  K  S  B  M  E  U  U  R  Z
T  K  I  E  O  A  S  T  A  N  I  Š  T  E
G  Z  T  R  B  P  L  A  E  C  A  I  E  B
D  O  E  A  H  A  I  O  D  R  Ž  I  V  U
```

VOLONTERA	MORSKIH
KLIMA	PLANINE
ZAJEDNICE	PRIRODA
RAZNOLIKOST	PRIRODNO
ODRŽIV	BILJKE
VRSTE	RESURSE
FAUNE	SUŠE
FLORE	OPSTANAK
STANIŠTE	RAZLIČITE
MOČVARA	

14 - Astronomie

```
G Z N Z E M L J E D V M G K
A R A E L M S O L A R N E M
L A S P B S M F M E S E C H
A Č T N Y U S V E M I R R G
K E R E P P L И P A P R B Z
S N O B E E S A Z V E Ž Đ E
I J N O H R A S T R O N O M
J A A N Z N V T M E T E O R
A N U D R O N E R B Z Z C S
L J T H A V C R H G V H E N
P P A J K A O O K O S M O S
P L A N E T E I U K F C K G
И Н И A T V T D O I S O P A
P O M R A Č E N J E H K M Z
```

ASTEROID	MESEC
ASTRONAUTA	METEOR
ASTRONOM	NEBULA
NEBO	PLANETE
SAZVEŽĐE	ZRAČENJA
KOSMOS	SOLARNE
POMRAČENJE	SUPERNOVA
RAKETA	ZEMLJE
GALAKSIJA	SVEMIR

15 - Types de Cheveux

```
D N S E V I K D Y K N P C L
B Y Ć P K S P S M C K L U O
S R E B R O U D U G O A O K
L J L R F Y P V F C V V N N
D U A A C R N A A A R A M E
C B V O N Z P O A Z D R A V
N S Z N I D E B E O Ž U F I
G U I U У И T E G A Y D S
C S И U P Z C A S O V I F H
M J O B O J E N E J A Y K F
R E S I V A P A A O A K I B
N I K R A T A K T T P J C E
K R T A L A S A S T A M N O
P M H P L E T E N I T E F A
```

SREBRO	KOVRDŽAVA
BEO	SIVA
PLAVA	DUGO
LOKNE	BRAON
SJAJNA	TANAK
ĆELAV	CRNA
OBOJENE	TALASASTA
KRATAK	ZDRAV
MEKA	SUVA
DEBEO	PLETENI

16 - Restaurant #1

```
U  N  C  M  S  A  L  V  E  T  A  Z  Č  R
E  A  P  D  E  S  E  R  T  M  U  A  I  E
U  K  A  F  A  N  Y  Z  B  F  S  Č  N  Z
A  H  R  A  N  A  I  A  E  P  H  I  I  E
B  L  A  G  A  J  N  I  K  P  K  N  J  R
T  E  E  R  I  K  И  M  Y  F  Y  J  U  V
Z  B  G  R  O  И  U  L  E  Y  L  E  P  A
M  E  S  A  G  J  A  H  D  R  M  N  O  C
S  O  S  J  L  I  M  N  I  D  V  O  B  I
N  S  A  S  T  O  J  C  I  N  Z  T  R  J
O  Z  R  O  K  Y  T  E  K  V  J  E  N  E
Ž  K  O  N  O  B  A  R  I  C  A  A  T  D
D  K  S  J  J  T  A  H  O  B  C  O  F  M
P  I  L  E  P  L  O  Č  A  A  U  T  U  Y
```

ALERGIJE   MENI
PLOČA   HRANA
ČINIJU   HLEB
KAFA   PILE
BLAGAJNIK   REZERVACIJE
NOŽ   SOS
KUHINJA   KONOBARICA
DESERT   SALVETA
ZAČINJENO   MESA
SASTOJCI

17 - Mammifères

```
C M J S V P A K Z R R P K M
A T A N G M A Č K A Z K O E
D T H B O G U S I S E U J D
V H J A F A Y K U O B И O V
Y G J J O O P L B V R I T E
V S L O N S R T I G A R A D
U S T V K I T И K S K O N J
K O Z C И H Z U D I I Y O Y
D K K E N G U R R B G C A N
Y Z P N C F E J V A O J A L
C P V E M A J M U N R D Z A
D E L F I N M I Z I I K L V
A B U A P Z F V F P L V Y P
A P И I C E G Ž I R A F A R
```

KIT	ZEC
MAČKA	LAV
KONJ	VUK
PAS	OVCE
KOJOTA	MEDVED
DELFIN	LISICA
SLON	MAJMUN
ŽIRAFA	BIK
GORILA	TIGAR
KENGUR	ZEBRA

18 - Sports

```
P P F S S D U G O L F C T L
S T A D I O N E M P L J U V
L E F G G I M N A S T I K E
S N H D И U C R H S R S P S
F I J O V F T O S U E Z R P
R S C S K И I J A D N O V O
P B И C P E M V L I E A E R
O O G R P T J D I J R T N T
B И K O Š A R K U A D O S I
E I S R B I C I K L K K T S
D R G B E J Z B O L C И V T
N J A R D T J U I G R A O A
I K H T A B E M V Z K E И Y
K Z H H M Č Y D F K Y B S V
```

SUDIJA
SPORTISTA
BEJZBOL
KOŠARKU
PRVENSTVO
TRENER
TIM
POBEDNIK
GOLF

SALI
GIMNASTIKE
HOKEJ
IGRA
IGRAČ
POKRET
STADION
TENIS
BICIKL

19 - Chocolat

```
E  D  H  Y  D  G  N  U  K  U  S  N  O  O
B  G  O  R  K  A  И  Š  V  P  E  K  J  M
K  O  Z  A  R  O  M  E  A  O  N  A  S  I
O  A  M  O  D  O  K  Ć  L  P  L  L  N  L
D  S  R  B  T  N  A  E  I  O  U  O  B  J
J  E  E  A  O  I  O  R  T  G  K  R  P  E
V  T  C  Z  M  N  Č  A  E  K  U  I  A  N
H  A  E  P  N  E  A  N  T  A  S  J  P  I
N  C  P  R  A  H  L  P  E  K  S  A  G  L
A  N  T  I  O  K  S  I  D  A  N  S  G  G
S  L  A  T  K  O  I  P  I  O  G  T  A  P
J  B  И  J  A  K  S  A  S  T  O  J  A  K
C  J  U  C  R  O  K  I  K  I  R  I  K  I
Z  A  N  A  T  S  K  I  K  I  F  O  H  S
```

GORKA	SLATKO
ANTIOKSIDANS	EGZOTIČNE
AROME	OMILJENI
ZANATSKI	UKUS
BOMBONA	SASTOJAK
KIKIRIKI	KOKOS
KAKAO	PRAH
KALORIJA	KVALITET
KARAMEL	RECEPT
UKUSNO	ŠEĆERA

20 - Mathématiques

```
R A D I J U S E N F P P P P
V O L U M E N H C R O A A R
P E I D U G L O V A L R R A
S I M E T R I J A K I A A V
E P V C R E E D R C G L L O
K R S I O B I M I I O E E U
S E B M U H E N T J N L L G
P Č U A G J I F M A A O N A
O N R L A B K B E S S G I O
N I L N O O G T A T R И N
E K J E D N A Č I N A A T I
N U P R A V N O K R V M V K
T K V A D R A T A P M Z M C
O Y P E R I M E T A R L R O
```

UGLOVA
ARITMETIKA
KVADRAT
OBIM
DECIMALNE
PREČNIK
EKSPONENT
JEDNAČINA
FRAKCIJA
PARALELNI

PARALELOGRAM
UPRAVNO
PERIMETAR
POLIGONA
RADIJUS
PRAVOUGAONIK
SIMETRIJA
TROUGAO
VOLUMEN

21 - Mythologie

```
L  V  N  S  V  L  O  A  O  S  V  E  T  A
A  P  И  T  C  M  J  B  R  И  U  T  D  P
P  O  R  V  R  U  K  U  S  H  E  R  O  J
O  R  F  A  E  N  A  V  B  R  E  R  E  Z
A  P  Č  R  F  J  T  E  R  O  S  T  V  L
I  O  U  A  K  E  A  R  A  S  M  C  I  F
L  N  D  N  U  K  S  E  T  T  R  O  M  P
E  A  O  J  L  I  T  N  N  V  T  H  R  O
G  Š  V  E  T  Y  R  J  I  O  N  E  Z  E
E  A  I  I  U  O  O  A  K  R  I  K  И  Z
N  N  Š  D  R  D  F  F  G  E  M  P  O  B
D  J  T  K  A  I  E  E  S  N  A  G  E  F
A  E  E  U  C  Z  N  И  H  J  K  J  S  B
M  A  G  I  Č  N  E  T  M  E  P  M  A  I
```

ARHETIP	RATNIK
KATASTROFE	HEROJ
PONAŠANJE	LJUBOMORE
STVARANJE	LAVIRINT
STVORENJE	LEGENDA
UVERENJA	MAGIČNE
KULTURA	ČUDOVIŠTE
MUNJE	SMRTNI
SNAGE	OSVETA

22 - Restaurant #2

```
S T O L I C A D B I P C R D
S O P V O D A P S P C D E F
A R L O J L D Y A G B J Z Z
L T E Ć V I L J U Š K A A L
A A F E E R U Č A K H J N E
T I O V Č I Ć H K U U A C D
A И P D E B C E A P T S I T
E P N P R E A C Š N J P N A
L G K Z A Č I N I P V F И O
A S V E O И M N K L Z I B K
J A A V L M R O A A C U B U
N P И I U N Z И Z I Z G R N
H N I U G J E S O S U P A И
N A P I T A K R N V A P A P
```

NAPITAK	TORTA
STOLICA	LED
KAŠIKA	POVRĆE
RUČAK	REZANCI
UKUSNO	JAJA
VEČERA	RIBE
VODA	SALATA
ZAČINI	SO
VILJUŠKA	KELNER
VOĆE	SUPA

23 - Couleurs

```
L  J  U  B  I  Č  A  S  T  A  P  Y  F  M
D  B  E  O  I  E  F  L  B  J  O  J  E  A
V  Y  R  K  C  A  U  C  R  M  M  A  E  G
M  P  L  A  V  A  C  S  U  B  O  A  J  E
C  R  N  A  O  L  H  C  B  Y  R  C  N  N
R  P  U  I  K  N  S  I  V  A  A  A  U  T
V  D  V  K  Y  E  I  J  И  T  N  J  C  A
E  A  F  H  C  L  A  A  P  E  D  L  T  Z
N  B  A  T  I  K  A  N  A  R  Ž  Z  B  U
A  B  O  N  N  P  U  Ž  A  T  A  E  E  R
H  V  P  Z  И  E  B  U  V  N  J  L  Ž  E
H  F  I  N  O  R  I  T  A  E  A  E  G  Z
I  K  P  R  O  Z  E  A  O  И  V  N  L  A
S  E  P  I  J  A  A  H  U  F  C  R  K  N
```

AZURE	BRAON
BEŽ	CRNA
BEO	POMORANDŽA
PLAVA	ROZE
CIJAN	CRVENA
FUCHSIA	SEPIJA
SIVA	ZELEN
ŽUT	LJUBIČASTA
MAGENTA	

24 - Avions

```
N A D U V A V A J U A N S S
V A N U I R S E C S D T L I
P A S Z S B G F S V Y C E L
R R Z N I B B O M H G B T A
A K M D N N A P R I U N A Z
V S D M U R Z L V I S I N A
C N F L T H P N O U V E J K
U P O S A D E B D N A O A A
M O T O R I S T O R I J A N
A V A N T U R A N S H A A E
P U T N I K E P I L O T C B
O K O N S T R U K C I J A O
A T M O S F E R A D P T N O
T U R B U L E N C I J E I B
```

VAZDUH	PRAVCU
VISINU	POSADE
ATMOSFERA	NADUVAVAJU
SLETANJA	VISINA
AVANTURA	ISTORIJA
BALON	VODONIK
GORIVO	MOTOR
NEBO	PUTNIK
KONSTRUKCIJA	PILOT
SILAZAK	TURBULENCIJE

25 - Aventure

```
I  Z  A  Z  O  V  A  P  N  E  U  S  F  L
I  S  Š  I  P  M  И  R  E  N  I  I  C  O
E  A  A  N  A  I  P  I  O  T  Z  G  N  D
S  K  N  I  S  H  T  P  B  U  N  U  A  R
A  T  S  V  A  R  N  R  I  Z  E  R  V  E
T  I  A  K  N  A  O  E  Č  I  N  N  I  D
P  V  T  C  U  B  V  M  N  J  A  O  G  I
R  N  E  Y  L  R  A  A  O  A  Đ  S  A  Š
O  O  Š  P  M  O  Z  B  S  Z  U  T  C  T
G  S  K  B  A  S  K  I  A  A  J  P  I  E
R  T  O  H  K  T  M  L  J  M  U  D  J  L
A  Ć  L  E  P  O  T  A  E  Ć  И  U  G
M  Y  E  P  R  I  R  O  D  A  E  T  H  A
R  A  D  O  S  T  P  U  T  U  J  E  И  R
```

AKTIVNOST	NEOBIČNO
LEPOTA	PROGRAM
HRABROST	RADOST
ŠANSA	PRIRODA
OPASAN	NAVIGACIJU
ODREDIŠTE	NOVA
IZAZOVA	PRIPREMA
TEŠKOĆE	SIGURNOST
ENTUZIJAZAM	IZNENAĐUJUĆE
EKSKURZIJE	PUTUJE

26 - Ville

```
G A L E R I J A I U T S Š G
A E R O D R O M И N U B K Y
J N L J U Z P B И I B A O K
G B A И K И F Z G V I N L N
G R S T A D I O N E B K A J
P E K A R A D O M R L E T I
O S R U P H P V U Z I C R Ž
Z T D C P O U R Z I O V Ž A
O O N Y L T T T E T T E I R
R R D P O E R E J E E Ć Š A
I A U Y T L A B K T K A T И
Š N B I O S K O P E E R E E
T J S U P E R M A R K E T A
E K L I N I C I M N U K F H
```

AERODROM	KNJIŽARA
BANKE	TRŽIŠTE
BIBLIOTEKE	MUZEJ
PEKARA	APOTEKE
BIOSKOP	RESTORAN
KLINICI	STADION
ŠKOLA	SUPERMARKETA
CVEĆAR	POZORIŠTE
GALERIJA	UNIVERZITET
HOTEL	ZOO VRT

27 - Cuisine

```
N U I A F Č N O Ž E V I Č S
Z D J K C A K Z B G K J I U
M H S E S J I E A A C P N N
F R U L O N C A Č N A I Đ
Z A M R Z I V A Č E I V J E
D N И И R K И M K V L N U R
B A M Š T A P I Ć I S J I R
R P A F F Š O T R L A Š A O
T E G L U I D Z E J L O T Š
V D C V K K U P R U V L H T
R V Z E Y E Y H N Š E J A I
Č J H U P M A L A K T E P L
S U M A H T A M J E A L P J
F R I Ž I D E R U D D N B L
```

ŠTAPIĆI
ČINIJU
ČAJNIK
ZAMRZIVAČ
NOŽEVI
VRČ
KAŠIKE
ZAČINI
SUNĐER
RERNA

VILJUŠKE
ROŠTILJ
LONCA
HRANA
TEGLU
RECEPT
FRIŽIDER
SALVETA
KECELJA
ŠOLJE

28 - Corps Humain

```
K  B  U  U  V  O  K  R  V  U  Z  E  K  L
T  R  A  U  S  T  A  U  S  I  V  F  O  I
R  A  M  E  R  N  V  K  K  J  L  R  Ž  C
L  D  P  Y  C  A  E  A  O  M  C  I  A  E
T  A  И  M  E  D  E  D  Č  K  Y  J  C  T
O  B  V  Y  R  Y  P  V  N  D  M  F  N  E
S  P  И  P  U  H  G  E  I  V  S  T  G  P
P  M  F  J  Y  I  G  J  Z  D  K  C  T  V
R  O  S  N  Z  H  H  D  G  R  O  G  C  N
S  Z  T  O  D  B  L  C  L  G  L  A  V  A
T  A  O  S  Z  R  U  U  O  И  E  E  R  O
A  K  M  L  A  K  A  T  B  Z  N  Z  Z  F
Z  A  A  K  K  Y  T  J  N  V  O  P  T  И
I  I  K  C  J  K  E  K  C  P  Y  E  J  Y
```

USTA	USNE
MOZAK	RUKA
SKOČNI ZGLOB	VILICE
VRAT	BRADA
LAKAT	NOS
SRCE	UVO
PRST	KOŽA
STOMAK	KRV
RAME	GLAVA
KOLENO	LICE

29 - Épices

```
H  G  K  Z  E  O  I  L  G  A  И  N  T  T
B  O  M  G  N  Z  S  L  A  D  I  Ć  E  U
Z  R  V  Đ  I  J  K  U  M  I  N  N  K  R
G  К  И  U  P  K  K  I  S  E  L  O  M
A  A  I  M  K  A  O  C  V  A  N  I  L  E
Y  Š  Y  B  O  R  P  A  I  B  R  B  B  R
K  A  R  I  R  D  U  R  E  M  I  L  Y  I
O  F  A  R  I  A  C  Z  I  A  E  B  B  C
M  R  И  A  J  M  R  G  Z  K  P  T  E  C
O  A  M  G  A  O  A  A  C  G  A  A  L  R
R  N  И  L  N  M  V  I  J  P  I  A  I  N
A  B  A  F  D  Y  U  K  U  S  F  A  L  B
Č  V  P  Y  E  O  V  D  P  E  E  C  U  R
L  O  A  R  R  S  O  A  N  I  S  A  K  C
```

KISELO	KOMORAČ
BELI LUK	ĐUMBIR
GORKA	LUK
ANISA	PAPRIKA
CIMET	BIBER
KARDAMOM	SLADIĆE
KORIJANDER	ŠAFRAN
KUMIN	UKUS
TURMERIC	SO
KARI	VANILE

30 - Science

```
P  I  I  G  F  F  Č  E  S  T  I  C  E  E
U  C  S  B  I  M  O  M  V  N  J  И  P  H
J  A  P  S  Z  F  E  S  T  V  A  R  I  E
R  T  O  L  I  A  A  T  I  U  H  U  E  M
M  O  L  E  K  U  L  A  O  L  K  B  K  I
K  M  I  N  E  R  A  L  A  D  I  A  S  J
L  A  B  O  R  A  T  O  R  I  J  A  P  S
I  B  O  P  L  H  I  P  O  T  E  Z  E  K
M  O  R  G  A  N  I  Z  M  A  B  E  R  E
A  E  V  O  L  U  C  I  J  E  N  O  I  J
P  O  D  A  T  A  K  A  I  L  C  K  M  A
N  G  P  O  S  M  A  T  R  A  N  J  E  T
G  R  A  V  I  T  A  C  I  J  E  И  Z
P  R  I  R  O  D  A  S  A  G  P  U  T  P
```

ATOM

HEMIJSKE

KLIMA

PODATAKA

EKSPERIMENT

EVOLUCIJE

STVARI

FOSIL

GRAVITACIJE

HIPOTEZE

LABORATORIJA

METOD

MINERALA

MOLEKULA

PRIRODA

POSMATRANJE

ORGANIZMA

ČESTICE

FIZIKE

31 - Chats

```
C G L L D C K P Y P A K S R
J S D G R S S R E P P A M A
M U S M A S J E Z M P N E Z
A B P M D S O D S N E D Š I
L I Č N O S T I T E O Ž N G
O U A B Z A Y V I Z L A O R
A T V S N N V A D A L I C A
A K Z A A V R M L V P C A N
M D Y R O S A V J I P R G Z
S J U C K B O N I S Š A P E
V E T C I R L B V N M I Š S
L O V A C Z U S K A P I H Y
T P A O N O D I V L J A G Z
H V I H K Z S F D H N T N I
```

LOVAC	NEZAVISNA
RADOZNAO	ŠAPE
SAN	LIČNOSTI
SMEŠNO	MALO
RAZIGRAN	REP
PREDIVA	BRZO
LUD	DIVLJA
KRZNO	MIŠ
KANDŽA	STIDLJIV

32 - Vêtements

```
U  Š  K  E  C  E  L  J  A  P  O  J  A  S
D  E  B  O  G  R  L  I  C  A  R  B  K  H
A  Š  F  A  R  M  E  R  K  E  M  S  O  A
P  I  D  Ž  A  M  E  M  O  D  A  A  Š  L
A  R  U  K  A  V  I  C  E  U  D  G  U  J
C  D  Ž  E  M  P  E  R  V  K  P  F  L  I
Š  I  I  K  C  P  S  B  L  U  Z  A  J  N
S  A  P  A  N  T  A  L  O  N  E  U  A  A
S  U  L  E  S  R  N  K  A  P  U  T  R  L
V  F  K  J  L  D  D  I  T  G  J  P  J  O
E  U  F  N  P  A  A  P  K  A  T  L  A  A
C  E  T  K  J  Y  L  D  И  C  A  P  K  M
A  I  E  I  L  A  E  B  P  B  B  A  N  F
T  U  M  N  A  R  U  K  V  I  C  A  U  J
```

NARUKVICA	SUKNJA
POJAS	KAPUT
ŠEŠIR	MODA
CIPELA	PANTALONE
KOŠULJA	DŽEMPER
BLUZA	PIDŽAME
OGRLICA	HALJINA
ŠAL	SANDALE
RUKAVICE	KECELJA
FARMERKE	JAKNU

33 - Arts Visuels

```
R И S И N B C E A K S S G P
U G A L J A O U I U K L R E
Y E S A F H U R R Š U I N R
Y P T P R P A U B A L K Č S
D M A D D H P N V B P A A P
N S V I И F I L M L T R R E
P O R T R E T T K O U S I K
V K S T A L A K E N R T J T
H O R G K M O G R K E V E I
E О S E Y A L L A И T O I V
E N T A D F O I M H U U L E
L A K Y K E V N I Y И G R K
U M E T N I K E K H M F P A
B M Y L D V A G E P И H J B
```

ARHITEKTURA
GLINE
UMETNIK
KERAMIKE
UGALJ
STALAK
VOSAK
SASTAV
KREDE

OLOVKA
FILM
SLIKARSTVO
PERSPEKTIVE
ŠABLON
PORTRET
GRNČARIJE
SKULPTURE
LAK

34 - Méditation

```
L  J  U  B  A  Z  N  O  S  T  И  H  T  H
P  R  I  H  V  A  T  A  N  J  E  U  U  Z
N  A  V  I  K  E  P  R  I  R  O  D  A  Y
B  U  D  A  N  M  E  N  T  A  L  N  E  S
T  I  Š  I  N  A  R  E  Z  D  U  A  L  B
B  U  E  P  Y  I  S  J  A  S  N  O  Ć  E
A  B  S  T  I  M  P  N  H  T  R  D  D  A
P  M  I  R  R  U  E  E  V  A  H  D  I  L
P  O  T  E  H  Z  K  M  A  V  O  U  S  P
J  A  K  V  K  I  T  O  L  L  T  P  A  И
E  C  Ž  R  G  K  I  C  N  M  I  R  N  O
F  E  C  N  E  A  V  I  O  V  J  H  J  O
C  F  B  Z  J  T  E  J  S  A  O  S  E  A
И  K  E  E  I  A  F  A  T  R  F  L  R  P
```

PRIHVATANJE	MENTALNE
PAŽNJA	POKRET
MIRNO	MUZIKA
JASNOĆE	PRIRODA
EMOCIJA	MIR
BUDAN	PERSPEKTIVE
LJUBAZNOST	STAV
ZAHVALNOST	DISANJE
NAVIKE	TIŠINA

35 - Littérature

```
E B F V D R I J И R A H R R
H O G E S I A C A B R M I I
И U Y B T S J A N N O C M T
B V I O I Y Y A A A U P E A
Z B O G L O S F L Y I I I M
A U T O R P G F I O S P D S
K F P N J O A R Z K G E K A
L I E A O R B O A J J S N N
J K S R F E U M E F I M O E
U C N A P Đ C A D M I A U G
Č I I T Y E P N O Y И J C D
A J Č O A N A L O G I J A O
K A K R V J T E M A S U E T
U B E I M E T A F O R A A A
```

ANALOGIJA	METAFORA
ANALIZA	NARATOR
ANEGDOTA	PESMA
AUTOR	PESNIČKE
BIOGRAFIJA	RIME
POREĐENJE	ROMAN
ZAKLJUČAK	RITAM
OPIS	STIL
DIJALOG	TEMA
FIKCIJA	

36 - Nourriture #1

```
P  K  И  B  H  R  E  V  S  O  A  Y  S  D
Y  A  A  L  K  A  F  A  O  P  P  G  U  R
K  T  B  J  O  Z  A  V  K  T  A  И  P  E
J  A  J  B  И  A  A  M  P  U  I  N  A  P
M  Z  И  L  C  C  I  M  E  T  L  R  A  A
B  O  S  I  L  J  A  K  L  I  M  I  B  Ć
O  G  I  M  U  A  A  R  E  E  E  R  E  K
I  L  Y  U  K  G  T  U  N  A  K  J  L  U
B  K  V  N  L  O  S  Š  H  Y  A  A  I  U
G  D  R  U  B  D  J  K  U  M  B  D  L  A
И  И  P  G  F  A  Š  E  Ć  E  R  A  U  И
J  I  J  Z  P  N  J  H  Č  S  U  B  K  Y
C  S  A  L  A  T  A  G  A  A  V  S  J  T
Š  A  R  G  A  R  E  P  A  L  M  A  R  Z
```

BELI LUK
BOSILJAK
KAFA
CIMET
ŠARGAREPA
LIMUN
SPANAĆ
JAGODA
SOK
MLEKA

REPA
LUK
JEČAM
KRUŠKE
SALATA
SO
SUPA
ŠEĆERA
TUNA
MESA

37 - Jours et Mois

```
V  C  A  F  L  U  R  J  M  R  O  R  Č  P
M  V  И  P  N  L  Z  H  T  F  N  И  E  O
A  D  D  E  F  N  V  A  L  P  E  T  T  N
F  E  B  R  U  A  R  V  K  L  D  N  V  E
U  C  B  O  K  T  O  B  A  R  E  G  R  D
T  E  S  Y  J  A  N  U  A  R  L  K  T  E
O  M  M  A  R  Š  L  M  J  A  J  Z  A  L
R  B  S  J  N  O  V  E  M  B  A  R  K  J
A  A  R  U  U  P  И  S  N  J  P  P  J  A
K  R  E  L  B  N  R  E  L  D  U  Z  E  K
P  P  D  T  I  O  A  C  O  O  A  N  S  Y
Y  J  A  V  I  S  T  A  U  B  P  R  N  Y
A  V  G  U  S  T  K  A  A  P  R  I  L  M
S  E  P  T  E  M  B  A  R  P  E  T  A  K
```

AVGUST	UTORAK
APRIL	MARŠ
KALENDAR	SREDA
DECEMBAR	MESECA
FEBRUAR	NOVEMBAR
JANUAR	OKTOBAR
ČETVRTAK	SUBOTA
JUL	NEDELJA
JUN	SEPTEMBAR
PONEDELJAK	PETAK

38 - Championnat

```
I G A S P F I N A L I S T A
Z N I U O Y C A P G I V B K
D A G D B S U S R R B G L I
R F R I E U O T V J B R A U
Ž M E J D B S U E H A H V R
L E O A A A D P N S C Z S И
J D O T H V U F S N P N J T
I A J T I M P E T C R O C R
V L M U S V M V V J V J R A
O J V R M G A G O P A E D T
S A P N E L A C B P K N N F
T S S I B A Z V I N J J M N
I S T R A T E G I J U E И K
T R E N E R V M H N A G Z P
```

PRVAK
PRVENSTVO
IZDRŽLJIVOSTI
TRENER
TIM
FINALISTA
IGRE
SUDIJA
LIGA

MEDALJA
MOTIVACIJA
NASTUP
SPORT
STRATEGIJU
TURNIR
ZNOJENJE
POBEDA

39 - Pirates

```
A P Z Y G O Z B M R I K B H
I O A J C K L L U T U H A D
H S S P E E A A G U A M V F
K A T A P A T G И L U S A A
O D A P K N O O P E Ć I N E
V E V A P A M L T G I D T O
A L A G Z И P T Z E И R U Ž
N P L A Ž A M E M N M O R I
I A A J Z N A A T D T S A L
C Z R U K V Č C P A K T P J
E O P A S N O S T A N R M A
F P O B A Y P N U A U V A K
H O И A S C Z T G D Z O L S
M N O И V C A N L O Š E N C
```

SIDRO

AVANTURA

KAPETAN

MAPA

OŽILJAK

OPASNOST

ZASTAVA

MAČ

POSADE

PEĆINE

OSTRVO

LEGENDA

LOŠE

OKEAN

ZLATO

PAPAGAJ

KOVANICE

PLAŽA

RUM

BLAGO

40 - Activités

```
B  A  Š  T  O  V  A  N  S  T  V  O  T  T
Z  Č  I  T  A  N  J  E  L  S  I  V  M  U
A  M  V  M  A  P  A  Y  V  L  A  E  C  T
D  F  E  L  A  A  Z  H  B  O  K  I  J  K
O  O  N  O  B  G  P  M  H  B  E  R  K  V
V  T  J  V  J  G  I  P  H  O  R  S  A  R
O  O  E  U  G  D  A  J  F  D  A  H  M  I
L  G  Y  M  P  C  I  N  A  N  M  Z  P  B
J  R  V  E  Š  T  I  N  A  O  I  A  O  O
S  A  K  T  I  V  N  O  S  T  K  N  V  L
T  F  U  N  I  G  R  E  И  U  E  A  A  O
V  I  D  O  N  D  Z  И  E  H  P  T  N  V
O  J  U  S  L  I  K  U  Z  Z  C  A  J  A
Y  E  H  T  I  N  T  E  R  E  S  E  E  C
```

AKTIVNOST	BAŠTOVANSTVO
UMETNOST	IGRE
ZANATA	ČITANJE
KAMPOVANJE	SLOBODNO
KERAMIKE	MAGIJA
LOV	SLIKU
VEŠTINA	RIBOLOV
ŠIVENJE	FOTOGRAFIJE
INTERESE	ZADOVOLJSTVO

41 - Fleurs

```
B L A V A N D E A T G V B I
O U H I B I S K U S C P P P
Ž U K T O M D E T E L I N A
U S Y E B A D E J Z I C V M
R L P Y T G A G T V E A O A
J A S M I N M A S L A Č A K
R F V E F O O R H I D E J A
U B V Y T L V D O Y I L O A
Ž R U O A I M E L E Y A R L
A H Z U U J C N O I A L G A
A P L U M E R I J A L A O R
L A T I C A F J B И A I V N
R V T Y P N U A M И K L A E
S U N C O K R E T N F I N И
```

BUKET
GARDENIJA
HIBISKUS
JASMIN
LAVANDE
JORGOVAN
LILI
MAGNOLIJE
DEJZI
ORHIDEJA

MAKA
LATICA
MASLAČAK
BOŽUR
PLUMERIJA
RUŽA
SUNCOKRET
DETELINA
LALA

42 - Nourriture #2

```
G  Y  F  P  N  Y  B  J  V  J  И  O  M  H
P  L  A  Z  I  V  A  A  I  F  A  D  И  C
F  O  J  S  N  G  N  K  Š  P  U  J  K  M
B  N  P  I  L  B  A  Z  N  R  S  G  E  F
A  R  И  U  V  R  N  P  J  A  B  U  K  A
K  I  O  Y  O  A  E  I  E  Y  O  H  B  P
I  B  P  K  P  A  T  L  I  D  Ž  A  N  I
V  E  N  P  O  G  K  E  Š  U  N  K  A  R
I  Č  O  K  O  L  A  D  A  R  G  G  R  I
M  A  N  G  O  I  I  L  H  C  R  A  I  N
N  A  G  P  Š  E  N  I  C  E  O  L  E  A
P  A  R  A  D  A  J  Z  Y  L  Ž  B  D  Č
H  L  E  B  A  D  E  M  F  E  Đ  T  P  И
P  A  F  J  P  F  H  Z  T  R  A  T  T  H
```

BADEM	KIVI
PATLIDŽAN	MANGO
BANANE	JAJE
PŠENICE	HLEB
BROKOLI	RIBE
VIŠNJE	JABUKA
CELER	PILE
GLJIVA	GROŽĐA
ČOKOLADA	PIRINAČ
ŠUNKA	PARADAJZ

43 - Océan

```
G T Z R B D E L F I N P E S
L R U O I B E O P R F A M Y
S M E D U Z A Č V L J E N M
O Y T B D T J A L G E H Y J
C L T U E D K M K Z G G G N
U E U U K N U A Y L U T D T
Y И N J P R L C C H L K D A
O R A P A Z A K O S J O E L
S U N Đ E R P B G E A R И A
T M F K O R N J A Č A A C S
R U L Y A I P I V R F L И A
I Z G N Š K A M P I O V C V
G K K F M I C I A B O M N H
A H O B O T N I C E T A H L
```

ALGE	MEDUZA
JEGULJA	RIBE
KIT	HOBOTNICE
ČAMAC	AJKULA
KORAL	GREBEN
KRABA	SO
ŠKAMPI	OLUJA
DELFIN	TUNA
SUNĐER	KORNJAČA
OSTRIGA	TALASA

44 - Remplir

```
D N A H P H K F U S Z P P M
F Ž T B F S F B P G C J O A
A S E Y G A T I L И F J A A
S R G P R M A E K S S N O
C I L Ž I Š T E Z D S C T
I B U S A N D U K Y H B E H
K O R P I U И K Y J F A V G
L K O F U V P T F V Y S A B
U A C H P K U T I J A E Z O
O R M V B A F T O A D N A K
D T R Z U B K J K H E O И B
K O F E R V O E A O B J J B
U N E T E M N C T O R B A K
K O V E R T E M A L U И A И
```

BURE
BASEN
KUTIJA
BOCA
SANDUK
KARTON
FASCIKLU
KOVERTE
KORPI
PAKET

LEŽIŠTE
DŽEP
TEGLU
TORBA
KOFU
FIOKA
CEV
KOFER
VAZA

45 - Ballet

```
K  B  G  E  S  T  N  K  L  O  E  V  H  I
O  V  A  P  L  A  U  Z  P  R  O  B  E  Z
M  E  G  L  T  B  M  U  L  K  G  N  H  R
P  Š  D  T  E  K  I  Z  E  E  Z  C  H  A
O  T  Z  J  M  R  Š  I  S  S  I  R  И  Ž
Z  I  G  M  U  Z  I  K  A  T  O  L  И  A
I  N  S  A  N  M  Ć  N  Č  A  E  L  F  J
T  A  T  G  M  M  A  C  A  R  G  E  O  A
O  T  I  N  G  R  A  C  I  O  Z  A  N  N
R  E  L  L  B  D  Y  R  I  T  A  M  D  D
U  M  E  T  N  I  Č  K  E  U  Y  Z  Y  V
H  U  I  N  T  E  N  Z  I  T  E  T  J  S
P  U  B  L  I  K  E  T  E  H  N  I  K  A
K  O  R  E  O  G  R  A  F  I  J  A  U  A
```

APLAUZ	INTENZITET
UMETNIČKE	MIŠIĆA
BALERINA	MUZIKA
KOREOGRAFIJA	ORKESTAR
VEŠTINA	PUBLIKE
KOMPOZITOR	PROBE
PLESAČA	RITAM
IZRAŽAJAN	SOLO
GEST	STIL
GRACIOZAN	TEHNIKA

46 - Fruit

```
A V O K A D O A P O P L A M
I N E K T A R I N A P F N A
O P A P A J A B A N A N E N
J B C N B R E S K V E Y K G
D I N J A G E S S I I L R O
I P T U D S F I G Š V A U G
J Z I N A K G D B N C I Š P
A B D A K A R I O J T L K A
B E R R I J O E L E Y N E P
U M R Z P S Ž D I P M R U S
K O S Z J I Đ G M A L I N E
A A O U A J A A U L K F S O
A S K J T E O C N F D V G D
P O M O R A N D Ž A K A N R
```

KAJSIJE	MANGO
ANANAS	DINJA
AVOKADO	NEKTARINA
BERRI	POMORANDŽA
BANANE	PAPAJA
VIŠNJE	BRESKVE
LIMUN	KRUŠKE
FIG	JABUKA
MALINE	PLAM
KIVI	GROŽĐA

47 - Surf

```
S T O M A K P L A Ž A U N S
I N K S A R E P O Č E T N A
E H E C T Z N P E L P B N A
L D A N G I A G K S P R S R
S T N Y T A L A S H A Z Z J
G P I C U V U P T N U I A E
Y U O V R E M E R K L N B I
A Y G R E B E N E N S A A N
C N G J T G I J M P N J V Z
A D I U K I D J N R A J A V
P V H F Ž R S T E V G D A C
U Y O C V V R T V A E K P O
N O Z G S F E V A K P N L J
P O P U L A R N A O S G J F
```

ZABAVA
SPORTISTA
PRVAK
POČETNA
STOMAK
EKSTREMNE
SNAGE
GUŽVE
VREME

PENA
OKEAN
PLAŽA
POPULARNA
GREBEN
STIL
TALAS
BRZINA

48 - Technologie

```
R D L P U H A P O K B F S V
G O A B L O G S U U A I I I
I S Z T P S R P K R J C G R
K V D P O R U K A S T H U T
M I S J D T S A M O O S R U
P R T L A P E I E R V O N E
R U A P T U D K R A A Y O L
I S T R A Ž I V A N J E S N
K C I E K R A N И P Z И T I
A K S A A I N T E R N E T J
Z B T D I G I T A L N I R A
И H I S O F T V E R A S O U
H J K P R E G L E D A Č Y T
J R A Č U N A R J D Y A N D
```

PRIKAZ   PREGLEDAČ
BLOG   DIGITALNI
KAMERA   BAJTOVA
KURSORA   RAČUNAR
PODATAKA   ISTRAŽIVANJE
EKRAN   SIGURNOST
DATOTEKA   STATISTIKA
INTERNET   VIRTUELNI
SOFTVER   VIRUS
PORUKA

49 - Comédie

```
O E T R C P I I Z U A A V I
B P E A G L U M I C A L P Z
B K R A K H G B И K U D И R
Ž J A N L U И G L U M A C A
P A B F O M I U D I N A F Ž
E E N V V O V B Z C K G U A
M V I R N R N Š A L E E И J
M N H N A J T E B P S T U A
P A R O D I J A A F L I C N
A N S M E Š N O V M O A Y I
G S M A L E U R A P A V U T
H T E T E L E V I Z I J A Z
D Z H P O Z O R I Š T E S Z
I M P R O V I Z A C I J E M
```

GLUMAC	ŽANR
GLUMICA	HUMOR
ZABAVA	IMPROVIZACIJE
APLAUZ	PARODIJA
ŠALE	PUBLIKE
KLOVNA	SMEH
SMEŠNO	TELEVIZIJA
IZRAŽAJAN	POZORIŠTE

50 - Météo

```
T O R N A D O T Y P T G K T
D S P C K P Z E I O R R L E
P Z A E F B S R M V O M I M
P Y J S U Š E S O E P L M P
P O L A R N I U N T S J A E
V L O B L A K V S A K A S R
K U F G S F M A U R E V U A
P J A K И P I Z N A V I R T
P A A P P H M S P C A N A U
I U T A T M O S F E R A G R
L E D U G A I E U P K D A A
U U P N B G I R C B V Z N V
Y G G S O L J Y N E B O R A
V E T A R A L L И O A D U R
```

DUGA
ATMOSFERA
POVETARAC
MAGLA
MIRNO
NEBO
KLIMA
LED
MONSUN
OBLAK

URAGAN
POLARNI
SUVA
SUŠE
TEMPERATURA
OLUJA
GRMLJAVINA
TORNADO
TROPSKE
VETAR

51 - Châteaux

```
U  K  J  E  D  N  O  R  O  G  P  T  H  E
G  R  C  A  R  S  T  V  A  E  Y  V  U  Z
G  A  P  P  V  V  P  И  Z  E  L  R  I  Z
T  L  R  A  M  Y  T  M  C  P  T  Đ  O  G
F  J  I  T  L  G  M  R  Š  L  R  A  K  T
K  E  N  K  J  A  V  I  T  E  Z  V  L  G
O  V  C  F  R  F  T  O  I  M  I  A  O  S
N  S  A  E  K  U  L  A  T  E  D  M  P  T
J  T  A  U  P  I  N  V  L  N  Z  M  A  J
U  V  P  D  N  A  P  U  M  I  D  J  A  M
F  O  K  A  T  A  P  U  L  T  T  И  P  A
O  A  J  L  A  K  U  D  H  I  E  И  U  Č
S  D  I  N  A  S  T  I  J  E  H  L  F  O
P  V  V  O  P  R  I  N  C  E  Z  A  B  L
```

OKLOP	FEUDALNO
ŠTIT	TVRĐAVA
KATAPULT	JEDNOROG
KONJ	ZID
VITEZ	PLEMENITI
KRUNU	PALATA
ZMAJ	PRINC
DINASTIJE	PRINCEZA
CARSTVA	KRALJEVSTVO
MAČ	KULA

52 - Randonnée

```
P  R  I  R  O  D  A  V  V  R  H  R  K  U
S  L  K  T  E  Š  K  A  R  O  N  Y  L  M
J  P  A  R  K  O  V  A  A  E  D  V  I  O
G  Ž  M  N  Č  S  A  K  L  I  M  A  F  R
P  I  E  A  I  P  P  R  I  P  R  E  M  A
H  V  N  T  Z  N  V  D  R  C  C  И  V  N
V  O  J  T  M  U  E  H  C  P  U  P  O  R
O  T  E  A  E  S  E  O  A  O  J  И  N  Y
D  I  V  L  J  A  H  J  M  L  P  R  И  Z
I  N  F  V  E  M  D  F  A  O  И  E  O  E
Č  J  D  A  S  I  N  Z  P  Ž  T  B  O  N
I  E  J  H  K  T  R  F  A  A  M  J  N  A
C  D  P  S  U  N  C  E  H  J  J  M  B  P
K  A  M  P  O  V  A  N  J  E  G  P  K  N
```

ŽIVOTINJE	VREME
ČIZME	PLANINE
KAMPOVANJE	PRIRODA
MAPA	POLOŽAJ
KLIMA	PARKOVA
VODA	KAMENJE
KLIF	PRIPREMA
UMORAN	DIVLJA
VODIČI	SUNCE
TEŠKA	SAMIT

53 - Art

```
R A S P O L O Ž E N J E T J
N A D R E A L I Z A M K B E
M C A J T P S A S T A V F D
L I Č N I E N L I K O E A N
B T A S M M M M E R H T O
C I P L G L Z A B R I E A S
P L G I A M H T O A G S N T
O I B K S P P I L M I T I A
R P O E Z I J E K I N V Z V
T K O M P L E K S Č A O R A
R I F K G E T I A K L R A N
E S K U L P T U R E N I Z И
T V I Z U E L N I P E T Z K
I N S P I R I S A N A I U S
```

KERAMIČKE
KOMPLEKS
SASTAV
STVORITI
PORTRET
IZRAZ
ISKREN
RASPOLOŽENJE
INSPIRISAN
ORIGINALNE

SLIKE
LIČNI
POEZIJE
SKULPTURE
JEDNOSTAVAN
TEMA
NADREALIZAM
SIMBOL
VIZUELNI

54 - Nutrition

```
N M B G Z U T L C B A A U P
P Y G J A K K C T P D E I S
T B I B Č U V P И R V L D G
K E J И I S A S T O J C I O
A A Č S N O L R И T V V J R
V K L N I S I E G E A I E K
P V Z O O R T S Z I R T T A
D D A S R S E O D N E A A P
O T R O V I T И R A N M D E
N E U G M P J I A U J I R T
A Ž I U Z D R A V B E N K I
B I V D D И K E L M P E F T
O N B C M E P P J B P D U G
M A G V Y R L J E S T I V O
```

GORKA	TEŽINA
APETIT	PROTEINA
KALORIJA	KVALITET
JESTIVO	ZDRAV
DIJETA	ZDRAVLJE
VARENJE	SOS
ZAČINI	UKUS
SASTOJCI	OTROV
TEČNOSTI	VITAMIN

55 - Science Fiction

```
B  I  O  S  K  O  P  T  P  D  E  S  D  F
E  K  S  T  R  E  M  N  E  O  P  L  D  U
E  K  S  P  L  O  Z  I  J  E  Ž  Y  S  T
P  I  M  A  G  I  N  A  R  N  E  A  P  U
G  L  T  A  J  A  N  S  T  V  E  N  R  R
A  F  A  N  T  A  S  T  I  Č  A  N  O  I
L  C  T  N  G  E  M  K  U  I  U  S  R  S
A  I  O  R  E  A  L  N  O  L  T  C  O  T
K  И  M  P  O  T  S  J  P  U  O  E  Č  I
S  Y  S  U  P  A  E  I  V  Z  P  N  I  Č
I  R  K  V  K  P  R  G  P  I  I  A  Š  K
J  Y  E  G  E  Z  M  E  J  J  J  R  T  I
A  R  O  B  O  T  A  H  A  E  E  I  E  И
T  E  H  N  O  L  O  G  I  J  A  O  L  D
```

ATOMSKE	KNJIGE
BIOSKOP	SVET
EKSPLOZIJE	TAJANSTVEN
EKSTREMNE	PROROČIŠTE
FANTASTIČAN	PLANETE
POŽAR	REALNO
FUTURISTIČKI	ROBOTA
GALAKSIJA	SCENARIO
ILUZIJE	TEHNOLOGIJA
IMAGINARNE	UTOPIJE

56 - Vertus #1

```
K P R E A G P O И N R Š U B
O O Č F I Z R D F E A A M U
R U J I B C A L S Z D R E T
I Z S K S L K U K A O M T P
S D D A A T T Č R V Z A N A
N A J S U K I U O I N N I C
O N I A B H Č J M S A T Č I
M C E N K N N U A N O A K J
S V J E A F E Ć N A K N E E
E M I N T E L I G E N T A N
L U E S T R A S T V E N I T
P D G Š T D S C R A P Z E I
O A P D N F S И G И V S K I
T R S L D O B R O S A B A A
```

UMETNIČKE	INTELIGENTAN
DOBRO	SKROMAN
ŠARMANTAN	STRASTVENI
RADOZNAO	PACIJENT
ODLUČUJUĆI	PRAKTIČNE
SMEŠNO	ČIST
EFIKASAN	MUDAR
POUZDAN	KORISNO
NEZAVISNA	

57 - Professions #1

```
P  K  U  R  E  D  N  I  K  T  S  P  P  A
I  B  A  N  K  A  R  H  P  R  E  E  S  D
J  Z  S  R  A  B  R  L  S  E  S  I  I  V
A  A  T  V  T  M  G  E  F  N  T  Z  H  O
N  M  R  K  A  O  B  K  K  E  R  L  O  K
I  T  O  M  Y  T  G  A  C  R  A  A  L  A
S  L  N  A  B  C  R  R  S  L  И  T  O  T
T  N  O  A  M  Y  F  O  A  A  O  A  G  M
A  U  M  E  T  N  I  K  G  F  D  R  O  U
L  J  N  V  I  V  K  R  E  A  R  O  O  Z
N  A  U  Č  N  I  K  I  O  J  S  U  R  I
D  A  O  R  I  J  S  G  L  O  V  A  C  Č
O  И  C  A  P  L  S  L  O  I  P  P  C  A
F  J  V  P  H  И  A  I  G  И  M  K  C  R
```

AMBASADOR	UREDNIK
UMETNIK	GEOLOG
ASTRONOM	SESTRA
ADVOKAT	LEKAR
BANKAR	MUZIČAR
ZLATAR	PIJANISTA
KARTOGRAF	VATROGASAC
LOVAC	PSIHOLOG
TRENER	NAUČNIK

58 - Géologie

```
M  I  N  E  R  A  L  A  K  S  F  K  E  R
O  B  E  D  И  P  D  S  O  T  O  R  R  A
F  J  И  И  M  G  A  R  A  S  I  O  S
M  F  H  F  P  D  R  A  A  L  I  S  Z  T
K  I  S  E  L  I  N  E  L  A  L  T  I  O
D  N  L  O  A  V  H  H  J  K  K  A  J  P
V  J  O  И  T  И  U  P  R  T  V  L  E  L
L  G  J  G  O  L  O  L  C  I  A  A  G  J
K  A  L  C  I  J  U  M  K  T  R  V  E  E
G  N  V  V  P  G  K  O  S  A  C  R  J  N
D  H  I  A  H  K  A  V  E  R  N  A  Z  I
Z  O  N  I  N  G  M  K  O  P  O  J  I  K
T  S  L  A  A  O  E  R  H  A  J  C  R  Z
A  B  A  S  K  O  N  T  I  N  E  N  T  C
```

KISELINE	GEJZIR
KALCIJUM	LAVA
KAVERNA	MINERALA
KONTINENT	KAMEN
KORAL	PLATO
SLOJ	KVARC
KRISTALA	SO
EROZIJE	STALAKTIT
RASTOPLJENI	VULKAN
FOSIL	ZONI

59 - Cirque

```
P  M  A  Đ  I  O  N  I  Č  A  R  I  V  A
P  R  G  P  N  U  G  K  M  A  G  I  J  A
A  T  I  B  F  O  G  L  B  A  L  O  N  I
R  I  C  K  J  A  K  O  N  K  J  F  L  J
A  G  R  Z  A  B  A  V  L  J  A  M  G  E
D  A  Z  T  P  Ž  O  N  G  L  E  R  U  Y
A  R  E  G  G  V  I  U  O  A  K  M  V  N
Ž  I  V  O  T  I  N  J  E  K  O  U  R  A
K  G  L  E  D  A  L  A  C  R  S  Z  S  N
P  A  O  S  A  A  A  I  H  O  T  I  L  V
A  J  R  И  B  T  V  C  P  B  I  K  O  E
U  D  Z  T  Š  A  T  O  R  A  M  A  N  L
I  S  S  H  U  V  A  I  T  T  P  Z  N  L
S  P  E  K  T  A  K  U  L  A  R  A  N  K
```

AKROBAT	MAĐIONIČAR
ŽIVOTINJE	MAGIJA
BALONI	PRIKAŽI
KARTU	MUZIKA
KLOVN	PARADA
KOSTIM	MAJMUN
ZABAVLJAM	SPEKTAKULARAN
SLON	GLEDALAC
ŽONGLER	ŠATOR
LAV	TIGAR

60 - Jardin

```
T A E A A G S E G M P D P T
R U K O R O V R R K R I J R
A E J Y C V A V A F P D K A
M B U L И L L A B H B L L V
P A F T V U O J L A G B U A
O V P Z T E P N J C Š V P И
L V I S E Ć A O E M P T A G
I O T O R O T G R M И R A O
N Ć G G A A A U Z J F C Z I
I N A R S T P C R E V O T F
A J R N A U C M G Z M H E S
L A A R U D R V O E E L O Y
P K Ž U C V E T M R S T J O
T R A V N J A K И И U L U P A
```

DRVO   KOROV
KLUPA   LOPATA
GRM   TRAVNJAK
OGRADE   GRABLJE
JEZERU   ZEMLJA
CVET   TERASA
GARAŽA   TRAMPOLIN
VISEĆA   CREVO
TRAVA   VOĆNJAK
BAŠTA   VAJN

61 - Barbecues

```
L S O A P P S Z S B G V V N
P E I G R E K B S I D R E O
D N T E F P M H S B R U Č Ž
K M И O C I J U D E U Ć E E
R O Š T I L J A Z R Č E R V
S A L A T E И E L I A H A I
P O R O D I C A U A K K P J
И M S L N K G E K F A A O S
R P I S R P L P J A F J V H
A V U N P O A M D И H A R A
N D J M T A D J M K S Ć Ć H
Y E P A R A D A J Z G I E V
B C R A H N D L И V И A I V
E A V O Ć E P J D A V T K A
```

VRUĆE	IGRE
NOŽEVI	POVRĆE
RUČAK	MUZIKA
VEČERA	LUK
DECA	BIBER
LETO	PILE
GLAD	SALATE
PORODICA	SOS
VOĆE	SO
ROŠTILJ	PARADAJZ

62 - Anniversaire

```
J  T  K  J  M  A  S  P  A  D  A  N  И  M
L  P  A  B  T  Z  R  R  N  N  A  C  S  P
S  V  E  Ć  E  Z  E  O  H  B  E  C  T  O
M  P  E  S  M  A  Ś  S  J  A  J  N  O  S
D  L  K  C  B  B  A  L  P  R  A  Z  R  E
D  L  A  B  K  A  N  A  A  J  G  F  T  B
N  I  R  D  D  V  E  V  U  K  O  M  A  N
C  I  T  U  I  A  H  A  R  G  D  U  R  O
P  R  I  J  A  T  E  L  J  I  I  D  O  P
V  M  C  P  O  K  L  O  N  G  N  R  Đ  H
G  O  E  R  A  D  O  S  N  O  A  O  E  F
Z  J  K  A  L  E  N  D  A  R  G  S  N  P
P  O  Z  I  V  N  I  C  E  M  K  T  O  E
V  R  E  M  E  A  A  L  C  R  C  D  G  P
```

PRIJATELJI	SREĆAN
ZABAVA	POZIVNICE
GODINA	MLAD
SVEĆE	DAN
POKLON	RADOSNO
KALENDAR	ROĐEN
KARTICE	MUDROST
PESMA	POSEBNO
PROSLAVA	SJAJNO
TORTA	VREME

63 - Animaux de Compagnie

```
B I G A D Z Z V K A N D Ž E
P O V O D A C B O U V S И L
A L H G U Š T E R D E M U I
S P R E P N R A N G A P O N
M A Č E K C R S J N C C K U
И C A P F C G V A R Z H O R
U T K B N S U O Č U B U V J
L V E T E R I N A R R O R H
B U K S Z P Z I U F T B A P
R F F A N H V K R A V A T M
M D I R B R V O L I A K N A
V I A E N A И Z E C B Z I Č
A K Š T E N E A R E N E K K
P A P A G A J S T V P И R A
```

MAČKA	ZEC
MAČE	GUŠTER
KOZA	HRANA
PAS	PAPAGAJ
ŠTENE	RIBE
OKOVRATNIK	REP
VODA	MIŠ
KANDŽE	KORNJAČA
HRČAK	KRAVA
POVODAC	VETERINAR

64 - Forêt Tropicale

```
C  A  O  M  Z  P  T  I  C  E  G  O  Y  Z
S  L  S  K  M  R  U  Y  L  Z  O  Č  V  A
B  U  T  O  Č  I  Š  T  E  V  F  U  S  J
R  R  И  P  J  R  U  I  P  R  O  V  I  E
F  A  M  O  M  O  K  K  P  E  B  A  S  D
H  Z  E  Š  O  D  L  U  O  D  L  N  A  N
A  N  R  T  L  A  I  G  A  N  A  J  R  I
V  O  D  O  Z  E  M  C  I  E  C  E  A  C
N  L  Ž  V  Z  M  A  H  O  V  I  N  A  A
K  I  U  A  U  T  O  H  T  O  N  I  H  Y
A  K  N  T  S  K  F  R  J  V  R  S  T  E
F  O  G  I  B  O  T  A  N  I  Č  K  I  C
U  S  L  O  P  S  T  A  N  A  K  B  P  G
Z  T  I  N  S  E  K  T  I  N  L  Y  L  A
```

VODOZEMCI	MAHOVINA
BOTANIČKI	PRIRODA
KLIMA	OBLACI
ZAJEDNICA	PTICE
RAZNOLIKOST	VREDNE
VRSTE	OČUVANJE
AUTOHTONIH	UTOČIŠTE
INSEKTI	POŠTOVATI
DŽUNGLI	OPSTANAK
SISARA	

65 - Insectes

```
B B Z A B U P A I O O P S S
U G U F U B J E Y F S N K T
B C A B B T A V A A V A A R
A J Y D A U C E M T A D K Š
V O D K M Š R L P Z D Y A L
C K L O A C V R Č C I K V J
E B G M R A V A И I I P A E
F A V A A A Z A B L A Č C N
I T E R M I T R L A Z E R A
S G G A B U V A E A F L O G
T G H C E J T P P Y R A E I
U Š I R E N I H T P S V K И
M A N T I S M N I P A R A V
F D A A P N J M R C Y E D M
```

PČELA

KOMARAC

BUBAŠVABA

LEPTIR

CVRČCI

BUVA

BUBAMARA

UŠIRENIH

MRAV

SKAKAVAC

STRŠLJENA

BUBA

OSA

TERMIT

LARVA

CRV

MANTIS

66 - Ferme #1

```
D И И F A Y V P P A P E M P
N T J T S T И A I O I T I V
K R A V A N A S R K L O K R
O I U L U J S A I O E J S A
J H K E L Y L T N N B A E N
M A G A R A C J A J E A E A
A N T E L E B G Č H И D N A
Č O D O Đ U B R I V A G C Z
K P O L J O P R I V R E D E
A P Č E L A H V G S A A A K
O G R A D E P S V P M G F O
V M A S E N O Z N O E B C Z
B I Z O N T C P I P D Y L A
G F O L P H F P U Y A A U J
```

PČELA   VRANA
POLJOPRIVREDE   VODA
MAGARAC   ĐUBRIVA
BIZON   SENO
POLJE   MED
MAČKA   PILE
KONJ   PIRINAČ
KOZA   JATO
PAS   KRAVA
OGRADE   TELE

67 - Escalade

```
K H V I S I N U O M R S T A
A P E O A F M J B Y A D Y T
C O K F D N F E U K D P J M
I V S I U I V E K T O N A O
G R P Z V Z Č S A Č Z A B S
U E E I O A A I B I N Y K F
H D R Č T Z S A И Z A L И E
V A T K E O E N B M L R H R
G A L I R V I E K E O V A A
S N A G E A K N Z I S B E Z
P E Ć I N E M Z U F T U Z И
P L A N I N A R E N J E H G
O R U K A V I C E И U S K A
И N O S S T A B I L N O S T
```

VISINU

ATMOSFERA

POVREDA

ČIZME

MAPA

KACIGU

RADOZNALOST

IZAZOVA

EKSPERT

USKA

SNAGE

OBUKA

RUKAVICE

PEĆINE

VODIČI

FIZIČKI

PLANINARENJE

STABILNOST

TEREN

68 - École #2

```
O  I  M  V  M  A  T  E  M  A  T  I  K  E
B  P  A  P  I  R  I  H  J  И  G  N  U  E
R  B  K  K  T  E  O  E  P  R  Č  A  Č  E
A  I  A  A  T  A  L  G  Y  E  I  U  I  L
Z  B  Z  L  E  I  O  P  A  Č  T  K  T  T
O  L  E  E  G  G  V  N  D  N  A  E  E  Y
V  I  R  N  P  A  K  N  A  I  N  R  L  И
A  O  A  D  U  K  A  L  O  K  J  I  J  U
N  T  Č  A  U  T  O  B  U  S  E  B  B  H
J  E  U  R  Č  G  R  A  M  A  T  I  K  E
E  K  N  C  E  И  C  J  Y  I  L  I  S  P
C  E  A  K  N  J  I  G  E  K  G  G  C  F
H  A  R  Y  J  R  L  P  V  Z  P  R  B  E
G  L  F  И  И  E  P  I  S  A  N  J  E  E  Y
```

AKTIVNOSTI   OBRAZOVANJE
UČENJE   GRAMATIKE
BIBLIOTEKE   IGRE
AUTOBUS   ČITANJE
KALENDAR   KNJIGE
MAKAZE   MATEMATIKE
OLOVKA   RAČUNAR
REČNIK   PAPIR
UČITELJ   NAUKE
PISANJE

69 - Antarctique

```
O K R U Ž E N J U K P M N V
K P T I C E B P R O K I L B
I H O O D K B O P N B G H U
O S T R V A E L P T Y R Z H
И P T L E Z J U I I Y A C G
L U S R C E D O N N P C H E
M E Y M A E P S Z E U I P O
R I D J F Ž M T E N C J B G
H V N O O I I R A T D E F R
Z E A E G H I V K I T O V A
P R U O R P I O A V O D A F
O O Č U V A N J E Č A H B I
R V N M I G L E Č E R A A J
K T E M P E R A T U R A K E
```

BEJ	GLEČERA
KITOVA	OSTRVA
ISTRAŽIVAČ	MIGRACIJE
OČUVANJE	MINERALA
KONTINENT	PTICE
VODA	POLUOSTRVO
OKRUŽENJU	ROKI
GEOGRAFIJE	NAUČNE
LED	TEMPERATURA

70 - Professions #2

```
I  E  F  O  T  O  G  R  A  F  И  A  B  G
B  A  Š  T  O  V  A  N  N  Z  G  S  I  P
H  V  Z  D  I  L  U  S  T  R  A  T  O  R
F  J  I  R  E  L  E  K  A  R  D  R  L  B
L  F  U  Č  I  T  E  L  J  T  T  O  O  I
S  L  I  K  A  R  E  U  I  E  L  N  G  B
V  P  I  L  O  T  I  K  U  O  I  A  B  L
P  R  O  A  O  Z  T  U  T  R  N  U  H  I
I  T  H  S  G  Z  G  R  U  I  G  T  I  O
I  Z  U  B  A  R  O  K  O  I  V  A  R  T
Z  O  O  L  O  G  И  F  Y  N  I  R  U  E
I  S  T  R  A  Ž  I  V  A  Č  S  M  R  K
I  N  Ž  E  N  J  E  R  T  A  T  M  G  A
U  O  F  N  O  V  I  N  A  R  A  Y  P  R
```

ASTRONAUTA	BAŠTOVAN
BIBLIOTEKAR	NOVINAR
BIOLOG	LINGVISTA
ISTRAŽIVAČ	LEKAR
HIRURG	SLIKAR
ZUBAR	FILOZOF
DETEKTIV	FOTOGRAF
UČITELJ	PILOT
ILUSTRATOR	ZOOLOG
INŽENJER	

71 - Les Abeilles

```
D V G R A Z N O L I K O S T
I O A O H E K O S I S T E M
M Ć H J C R K M E P B V K P
P E D O B R A R P A N O O G
K O Š N I C E N I И S S R S
K J F T L V Y A A L T A I C
K R F I J E G R U V A K S P
F E A T K T P S T A N I T S
A P O L E N S D Z И I N A I
I N H P J E U G J P Š S N U
Z I H A O I N U M O T E P E
G R И U Y И C V E Ć E K O M
C S I C J P E A D I D T Y Z
S O A T C E B A Š T A K P P
```

KRILA	STANIŠTE
KORISTAN	INSEKT
VOSAK	BAŠTA
RAZNOLIKOST	MED
ROJ	HRANA
EKOSISTEM	BILJKE
CVET	POLEN
CVEĆE	KRALJICA
VOĆE	KOŠNICE
DIM	SUNCE

72 - Dinosaures

```
R  N  P  E  B  O  S  B  A  M  O  Ć  A  N
P  E  V  O  L  U  C  I  J  E  V  F  R  V
R  S  P  M  S  U  Z  L  И  S  A  O  E  E
A  T  I  A  H  G  L  J  L  O  V  S  P  L
I  A  I  M  B  C  O  O  V  J  C  I  T  I
S  N  Z  U  E  L  B  J  R  E  V  L  I  Č
T  A  R  T  J  K  N  E  S  D  L  A  L  I
O  K  R  I  L  A  A  D  T  Z  I  I  A  N
R  E  O  G  R  O  M  N  E  E  Y  G  K  A
I  И  G  G  B  И  B  T  I  M  U  И  Z  A
J  B  P  L  E  N  N  P  N  L  D  H  H  E
S  V  E  J  E  D  F  C  A  J  Z  Y  Y  E
K  C  И  A  A  O  O  P  P  E  S  N  A  P
I  S  L  Z  G  T  D  P  P  A  T  N  P  M
```

KRILA	SVEJED
MESOJED	PRAISTORIJSKI
NESTANAK	PLEN
VRSTE	MOĆAN
OGROMNE	REP
EVOLUCIJE	REPTIL
FOSILA	VELIČINA
VELIKA	ZEMLJE
BILJOJED	ZLOBNA
MAMUT	

73 - Conduite

```
P P U T C H G A R A Ž A K S
O B R N E S R E Ć A U J A A
L I C E N C U I L S F G M O
I P P C V M E J V B G O I B
C A P P K O Č N I C E R O R
I G P R J T Z U N M A I N A
J A E R C O L Z P A И V И Ć
A И Š L I R Z G M P K O L A
B I A Y J G T S A A Y H Y J
Y R K O P A S N O S T P Z A
M Z Z I T M J Y Z J U T K R
N H A I P S I G U R N O S T
L Z G R N I D O E N E H S J
S V I B J A K V H U L I C I
```

NESREĆA   PEŠAK
KAMION   POLICIJA
GORIVO   PUT
MAPA   ULICI
OPASNOST   SIGURNOST
KOČNICE   SAOBRAĆAJA
GARAŽA   PREVOZ
GAS   TUNEL
LICENCU   BRZINA
MOTOR   KOLA

74 - Plantes

```
B Y P F И Z R B P U I N Y K
R O L P J M A L A T I C A O
Š O T P B G S C T M G R M R
L Y M A N T T D A C B Š S E
J K A S N L E M T J P U S N
A I H U D I M D R V O M S B
N C O L F Š K B A Š T A F E
V Y V J V Ć A E V G A D K R
D C I E L E K V A J A P I R
I E N F T G T J C O U T N I
M J A L F S U G J O T L R E
F G R O И L S A A O N I D M
Đ U B R I V A K C I U A Y A
Z E C E V E G E T A C I J E
```

DRVO	ŠUMA
BERRI	RASTE
BAMBUS	PASULJ
BOTANIKE	TRAVA
GRM	BAŠTA
KAKTUS	BRŠLJAN
ĐUBRIVA	MAHOVINA
LIŠĆE	LATICA
CVET	KOREN
FLORE	VEGETACIJE

75 - Ferme #2

```
N Ž I V O T I N J E P H E P
A T F K K Z Y C P O V R Ć A
V R A O I L I V A D A A F S
O A R Š C A J O T P G N V T
D K M N L M A Ć K F B A D I
N T E I P E G N A I O A K R
J O R C L K N J O V O Ć E N
A R L A A D J A L H A O Z C
V L E L M O E K A M V A L Z
A J C N B P V P Š E N I C E
N L E Y A P J C U B C C B G
J H J Č R C D M E I B Y C T
E I J A A K U K U R U Z M A
D B A O E M L E K A L F H S
```

JAGNJE	LAME
FARMER	POVRĆA
ŽIVOTINJE	KUKURUZ
PASTIR	OVCE
PŠENICE	HRANA
PATKA	JEČAM
VOĆE	LIVADA
AMBAR	KOŠNICA
NAVODNJAVANJE	TRAKTOR
MLEKA	VOĆNJAK

76 - École #1

```
S T O L I C A U U V J D E U
T P U Č I O N I C A N K H Č
O H A A P R I J A T E L J I
L K V I Z A B A V A R M N T
U V M R A U P L O K U P P E
O S B J G M N I A H Č E F L
L U O D G O V O R E A K A J
O L O V K E K R C A K S S Y
V N Z C E D L N A A D C C P
K N A O R B R O J E V E I G
A L F A B E T H E I P H K A
B I B L I O T E K E G B L U
I S P I T A B C I B B E E V
U Z R M A T E M A T I K E U
```

ALFABET	UČITELJ
PRIJATELJI	ISPITA
ZABAVA	KNJIGE
BIBLIOTEKE	MATEMATIKE
STOLU	BROJEVE
STOLICA	PAPIR
OLOVKA	KVIZ
OLOVKE	ODGOVORE
RUČAK	UČIONICA
FASCIKLE	

77 - Vacances #2

```
M Š D Z И H И U H E T R K P
O A J P E M T R O C F E A R
R T P L B V O Z T S A Z M E
E O A A A I A F E P T E P V
P R S Ž N Z E H L И И R O O
U A O A V A R J M T И V V Z
T S Š L R E O M A V R A A O
O L O D R E D I Š T E C N A
V O K S V N R H M A S I J H
A B P M И O T N K T J E F
N O D M O R M V J S O E L P
J D U E H D A A C I R U S I
E N A Z И И G N V H A B L P
H O Z I Y A Z L I V N K V L
```

AERODROM
KAMPOVANJE
MAPA
ODREDIŠTE
STRANI
HOTEL
OSTRVO
SLOBODNO
MORE
PASOŠ

PLAŽA
RESTORAN
REZERVACIJE
TAKSI
ŠATOR
VOZ
PREVOZ
ODMOR
VIZA
PUTOVANJE

78 - Temps

```
P  G  N  U  S  M  R  L  G  Z  A  I  T  K
R  O  L  V  A  E  I  P  O  D  N  E  K  A
E  D  S  G  D  J  N  E  D  E  L  J  A  L
A  I  V  L  A  U  O  V  I  B  M  U  M  E
D  N  V  E  E  T  Ć  U  Š  K  J  Č  Y  N
R  A  S  A  T  R  B  A  N  O  V  E  K  D
D  A  N  A  S  O  O  Y  J  F  P  Y  S  A
D  E  C  E  N  I  J  E  E  V  N  U  K  R
M  T  K  F  Z  Z  I  U  J  D  Y  S  E  H
I  E  H  Y  N  L  N  F  Z  T  T  K  G  R
N  B  S  Y  N  N  S  O  D  T  N  O  A  F
U  O  N  E  B  J  P  V  Y  A  U  R  Z  H
T  U  Z  E  C  B  U  D  U  Ć  N  O  S  T
J  A  L  C  A  A  L  D  F  A  R  B  V  B
```

GODINA	JUČE
GODIŠNJE	DAN
POSLE	SADA
DANAS	JUTRO
PRE	PODNE
USKORO	MINUT
KALENDAR	MESECA
DECENIJE	NOĆ
BUDUĆNOST	NEDELJA
SAT	VEK

79 - Maison

```
P  R  O  Z  O  R  Z  I  D  K  S  P  I  E
L  D  K  G  G  B  A  Š  T  A  Y  O  A  F
A  G  B  V  L  K  V  L  B  M  M  И  B  G
F  R  E  D  E  T  E  A  L  I  K  N  H  A
O  P  K  C  D  R  S  B  P  N  A  V  V  R
N  H  U  G  A  Y  E  V  R  A  T  A  S  A
U  L  H  L  L  F  K  G  J  R  G  P  B  Ž
C  R  I  Y  O  T  V  R  Y  L  J  E  T  A
O  U  N  B  I  B  L  I  O  T  E  K  E  T
Z  L  J  V  O  M  B  A  G  Y  U  F  P  P
E  T  A  S  T  E  R  I  R  B  F  Š  I  И
T  M  A  M  P  T  A  V  A  N  U  G  H  F
V  A  V  U  P  L  I  R  D  K  R  O  V  Y
A  U  Y  T  R  A  H  R  E  И  E  O  И  P
```

METLA	TAVANU
BIBLIOTEKE	BAŠTA
SOBA	LAMPA
KAMIN	OGLEDALO
TASTERI	ZID
OGRADE	PLAFON
KUHINJA	VRATA
TUŠ	ZAVESE
PROZOR	TEPIH
GARAŽA	KROV

80 - Légumes

```
Đ  K  R  A  S  T  A  V  A  C  S  L  B  P
D  U  L  P  A  C  A  B  N  N  F  Z  R  T
C  T  M  E  S  E  S  V  P  K  L  C  O  Z
M  S  A  B  E  L  I  L  U  K  K  T  K  Z
R  Š  S  Z  I  E  S  P  A  N  A  Ć  O  I
P  A  L  Š  A  R  G  A  R  E  P  A  L  N
L  L  I  G  M  K  P  R  L  A  V  D  I  G
A  O  N  D  U  T  S  E  T  O  L  U  K  R
S  T  A  M  R  A  O  P  R  P  O  A  L  A
P  A  T  L  I  D  Ž  A  N  Š  I  O  D  Š
P  G  L  J  I  V  A  N  T  F  U  U  G  K
V  Y  N  A  B  U  N  D  E  V  E  N  E  A
T  O  F  V  T  A  R  T  I  Č  O  K  E  C
P  L  T  H  O  A  R  O  T  K  V  I  C  A
```

BELI LUK	SPANAĆ
ARTIČOKE	ĐUMBIR
PATLIDŽAN	REPA
BROKOLI	LUK
ŠARGAREPA	MASLINA
CELER	PERŠUN
GLJIVA	GRAŠKA
BUNDEVE	ROTKVICA
KRASTAVAC	SALATA
ŠALOT	

81 - Plage

```
G H O B A L E P P L A V A U
A R K K D B P E D H P U Z V
J Y E P Z H E Š R N U L P K
K R A B A E S K I Č A M A C
S V N G E H A I O Z D O K J
A U A P N N K R S D C R C E
N Y N V C Y I A T G M E C D
D F V C P M Š H R R D O P R
A C A F E N O J V B E D R I
L B P Z P H B M O P F S J L
E B A V U P R R N Y H N I I
I S D A Y L A G U N E U A C
V A P V E Z N N P R U A J A
C V A E Y U F K K O A R C O
```

ČAMAC
PLAVA
OBALE
KRABA
DOK
OSTRVO
LAGUNE
MORE
OKEAN

KIŠOBRAN
GREBEN
PESAK
SANDALE
PEŠKIR
SUNCE
ODMOR
JEDRILICA

82 - Famille

```
P H P Z D E D A E P O R G J
O R P Ć E R K A T E T K A B
U C E A T B A K A J U M P R
R A N D E T I N J S T V A A
P O N M A J K A E D E C A T
O A Đ И D K I F N Ć M U Ž M
T U J A K J F V E J A F I A
A И R И K S S S Ć O S K A J
C O Č I N S K E A E L H M Č
Z T P P L J R S K V Y U B I
P D F C R T И T I N И G B N
P Z Z E A D D R N O R D V S
Z V A J A N C A J Y B N I K
S U P R U G A И A Y G L E E
```

PREDAK	MUŽ
ROĐAK	MAJČINSKE
DETINJSTVA	MAJKA
DETE	NEĆAK
DECA	NEĆAKINJA
SUPRUGA	UJAK
ĆERKA	OČINSKE
BRAT	OTAC
BAKA	SESTRA
DEDA	TETKA

83 - Oiseaux

```
O  R  A  O  P  Y  H  B  H  U  N  Y  L  G
J  H  P  J  A  B  E  U  A  V  O  Y  D  M
L  T  G  И  F  E  R  Z  E  J  J  S  L  V
B  N  E  C  O  G  O  L  U  B  A  O  A  P
V  F  G  A  U  J  N  E  A  T  E  E  B  F
V  R  A  P  C  A  A  F  I  A  O  M  U  C
P  H  L  A  A  T  S  J  P  V  F  F  D  K
S  J  E  T  I  U  N  I  E  D  R  L  F  N
L  C  B  K  R  K  N  U  L  H  F  A  P  S
И  D  G  A  F  A  M  G  I  A  C  M  N  D
P  I  L  E  S  N  K  U  K  A  V  I  C  A
P  A  P  A  G  A  J  S  A  O  Y  N  O  E
R  O  D  A  K  A  A  K  N  Z  S  G  И  P
P  I  N  G  V  I  N  A  Y  R  S  O  M  P
```

ORAO	PINGVIN
NOJA	VRAPCA
PATKA	GALEB
RODA	JAJE
GOLUB	GUSKA
VRANA	PAUN
KUKAVICA	PAPAGAJ
LABUD	PELIKAN
FLAMINGO	PILE
HERON	TUKAN

84 - Disciplines Scientifiques

```
T I M A F K K S M B B S M O
K E M E T D K P F O I O I N
F B R U H J Y J G T O C N P
A I T M N A D P Z A L I E R
R O Z A O O N T Z N O O R G
Z H N N D D L I F I G L A E
H E M I J E I O K K I O L O
L M E N I P L N G E J G O L
F I R B I M I Z A I E I G O
Z J R C L P F N K M J J I G
D E K O L O G I J E I E J I
P S I H O L O G I J E K A J
L H N A N A T O M I J E E E
L I N G V I S T I K E U A A
```

ANATOMIJE

BIOHEMIJE

BIOLOGIJE

BOTANIKE

HEMIJE

EKOLOGIJE

GEOLOGIJE

IMUNOLOGIJE

LINGVISTIKE

MEHANIKE

MINERALOGIJA

PSIHOLOGIJE

SOCIOLOGIJE

TERMODINAMIKE

85 - Émotions

```
A  S  A  D  R  Ž  A  J  P  T  M  T  F  Z
L  J  U  B  A  Z  N  O  S  T  B  V  B  F
M  S  K  T  D  A  S  L  D  O  O  H  A  G
I  I  N  O  O  H  T  J  D  O  S  A  D  E
R  M  R  C  S  V  F  U  S  P  O  K  O  J
S  P  H  N  T  A  L  B  T  B  D  J  N  B
C  A  T  V  O  L  N  A  R  E  L  J  E  F
L  T  I  U  D  A  S  V  A  S  N  O  Ž  E
Z  I  N  D  G  N  J  R  H  K  G  M  N  C
M  J  H  V  P  A  N  U  A  C  F  O  O  M
B  E  C  Y  P  P  F  A  P  M  N  O  S  F
O  P  U  Š  T  E  N  O  L  L  O  A  T  B
I  Z  N  E  N  A  Đ  E  N  J  E  T  L  I
Z  A  D  O  V  O  L  J  A  N  M  B  A  U
```

LJUBAV
MIRNO
BES
SADRŽAJ
OPUŠTENO
SRAMOTA
DOSADE
LJUBAZNOST
RADOST
MIR

STRAH
ZAHVALAN
RELJEF
ZADOVOLJAN
IZNENAĐENJE
SIMPATIJE
NEŽNOST
SPOKOJ
TUGA

86 - Géographie

```
K O N T I N E N T O K T C H
A A M P A B F C R E K M G K
J A J P A H E M I S F E R E
R M A P A M K U D V M H A U
Z E M L J U K T T P J O D N
P R G U Y G S J E N F F R N
L I N I S E V E R R E K E E
A D B A O N E K I Z A P A D
N I R G G N T V T M T F V C
I J U G C G A A O E L R I P
N A U A T I N T R V A G S Y
E N Y O M T B O I H S Y I N
G O S T R V O R J O V R N P
M N N K Z Z P O E M U P U N
```

VISINU

ATLAS

MAPA

KONTINENT

EKVATOR

REKE

HEMISFERE

OSTRVO

MORE

MERIDIJAN

SVET

PLANINE

SEVER

OKEAN

ZAPAD

ZEMLJU

REGIONA

JUG

TERITORIJE

GRAD

87 - Danse

```
K  U  M  E  T  N  O  S  T  B  M  T  U  R
H  U  F  A  V  P  D  F  E  P  N  R  C  A
V  G  L  K  I  Z  R  A  Ž  A  J  A  N  D
I  U  L  T  L  K  G  I  V  R  P  D  N  O
Z  И  A  T  U  A  A  I  J  T  M  I  N  S
U  T  M  B  B  R  S  P  S  N  A  C  J  N
E  E  A  P  P  F  N  I  K  E  K  I  I  O
L  L  M  R  B  V  V  I  Č  R  A  O  K  A
N  O  U  O  R  I  T  A  M  N  D  N  U  D
I  И  Z  B  C  O  P  L  J  F  E  A  L  S
Y  E  I  E  J  I  R  U  F  C  M  L  T  H
P  O  K  R  E  T  J  C  A  E  I  N  U  J
S  T  A  V  И  G  J  A  M  M  J  I  R  L
G  R  E  J  S  T  Y  T  A  M  E  K  A  U
```

AKADEMIJE	RADOSNO
UMETNOST	POKRET
KLASIČNE	MUZIKA
TELO	PARTNER
KULTURA	STAV
KULTURNI	PROBE
IZRAŽAJAN	RITAM
EMOCIJA	TRADICIONALNI
GREJS	VIZUELNI

88 - Bâtiments

```
U  N  I  V  E  R  Z  I  T  E  T  T  E  J
O  P  S  E  R  V  A  T  O  R  I  J  E  N
H  Š  K  O  L  A  S  T  A  D  I  O  N  F
O  G  L  A  B  O  R  A  T  O  R  I  J  A
T  A  Y  C  T  H  B  I  O  S  K  O  P  B
E  R  M  U  Z  E  J  O  L  T  S  M  Y  R
L  A  M  B  A  R  Z  J  L  A  Z  R  O  I
P  Ž  H  H  A  H  Y  Y  T  N  R  M  Z  K
Z  A  M  A  K  S  I  C  H  K  I  R  Y  E
Z  O  H  K  U  Y  A  B  H  A  N  C  M  Š
D  D  O  A  L  B  N  D  G  B  P  B  A  A
B  I  D  A  A  A  V  Z  E  I  M  U  L  T
P  O  Z  O  R  I  Š  T  E  N  O  A  K  O
S  U  P  E  R  M  A  R  K  E  T  A  F  R
```

AMBASADE	LABORATORIJA
STAN	MUZEJ
KABINE	OPSERVATORIJE
ZAMAK	STADION
BIOSKOP	SUPERMARKETA
ŠKOLA	ŠATOR
GARAŽA	POZORIŠTE
AMBAR	KULA
BOLNICA	UNIVERZITET
HOTEL	FABRIKE

89 - Pêche

```
P D И E Y S Ž Š E M P N D T
K L Č P N T I K P A P V O B
Z H A Z T R C R И F R M P I
T L M Ž A P E G D P E J F T
K G A A A L Y E P M T A H E
U U C V B J P O P R E M A Ž
V Z K U J E Z E R O R S C I
A R O A H N F A J Z I E B N
R M R B A J R U B T V Z V A
И G P G J A I E O P A O E M
A V I L I C E V K O N N И S
M A M A C L A O E E J A M R
Y O B L D S H D A A A S J H
E K A N C N H A N A L A L J
```

MAMAC
ČAMAC
ŠKRGE
KUKA
KUVAR
VODA
PRETERIVANJA
OPREMA
ŽICE

REKE
JEZERO
VILICE
OKEAN
KORPI
STRPLJENJA
PLAŽA
TEŽINA
SEZONA

90 - Activités et Loisirs

```
U  U  V  I  R  A  L  D  R  B  U  O  P  F
S  L  I  K  U  U  J  U  I  P  M  F  L  U
U  G  B  O  K  S  K  L  B  Z  E  P  A  D
R  L  O  A  P  A  A  O  O  H  T  A  N  B
F  R  P  L  Š  D  M  P  L  O  N  O  I  A
O  O  U  G  F  T  P  L  O  B  O  D  N  L
V  N  Š  K  P  B  O  I  V  I  S  B  A  B
A  J  T  O  U  E  V  V  D  J  T  O  R  V
N  E  A  Š  T  J  A  A  A  E  M  J  E  M
J  N  J  A  O  Z  N  N  T  N  A  K  N  И
E  J  U  R  V  B  J  J  M  E  S  A  J  I
K  E  Ć  K  A  O  E  E  G  E  N  T  E  H
J  G  E  U  T  L  H  G  O  I  U  I  V  H
A  N  H  P  I  P  G  O  F  I  R  U  S  O
```

UMETNOST	SLIKU
BEJZBOL	RIBOLOV
KOŠARKU	RONJENJE
BOKS	PLANINARENJE
KAMPOVANJE	OPUŠTAJUĆE
FUDBAL	SURFOVANJE
GOLF	TENIS
BAŠTOVANSTVO	ODBOJKA
PLIVANJE	PUTOVATI
HOBIJE	

91 - Livres

```
A F K N J I Ž E V N E S R R
D U H O V I T L M A F E O E
R P T T R A G I Č N E R M L
A E K O N T E K S T U I A E
N K P B R S A N K D P J N V
D A P E S M A Y J T U A H A
V V R I S T O R I J S K I N
O A I A D U E P E D N L T
J N Č I T A Č O L L P S Y N
N T A T K O L E K C I J A O
O U N P L B R Z P U N A L R
S R G R P S U I G S U F G H
T A Z P A K R J M F K N R P
S T R A N A A E Y F S E P H
```

AUTOR
AVANTURA
KOLEKCIJA
KONTEKST
DVOJNOST
EPSKE
PRIČA
ISTORIJSKI
DUHOVIT
ČITAČ

KNJIŽEVNE
NARATOR
STRANA
RELEVANTNO
PESMA
POEZIJE
ROMAN
SERIJA
TRAGIČNE

92 - Pays #2

```
F C P J A M A J K A U K И J
I R P L A O S M E K S I K O
N G A J R P A M J Y F Z A O
D K E N I J A L B A N I J A
O I P J C И O N B И O L D A
N R A И T U P A K I S T A N
E S L B A A S F S S U R N V
Z K U I J E O K И I G U S C
I A И F B B M J E R A S K E
J K O Z F A I S S I N I A G
A H A I T I N Z U J D J C И
K I N A C M J J D E I A F M
S O M A L I J E A Y A M D G
U K R A J I N A N L H L C T
```

ALBANIJA	LAOS
KINA	LIBAN
DANSKA	MEKSIKO
FRANCUSKE	UGANDI
HAITI	PAKISTAN
INDONEZIJA	RUSIJA
IRSKA	SOMALIJE
JAMAJKA	SUDAN
JAPAN	SIRIJE
KENIJA	UKRAJINA

93 - Fournitures d'Art

```
P  B  K  A  M  E  R  A  L  E  P  A  K  K
A  O  O  L  O  V  K  E  C  И  O  Y  S  R
S  Y  S  J  P  O  A  Y  D  J  G  M  B  E
T  R  T  T  E  O  P  U  G  U  M  I  C  A
E  M  O  R  A  A  I  M  C  R  A  D  H  T
L  R  H  M  K  L  E  J  C  F  S  E  J  I
A  J  U  B  O  C  A  P  V  D  T  J  E  V
A  F  G  V  И  И  U  K  V  L  I  E  P  N
Z  V  H  F  H  U  P  I  H  K  L  Y  J  O
D  O  A  K  V  A  R  E  L  I  O  T  P  S
A  D  O  B  U  G  A  L  J  A  O  R  A  T
L  A  K  R  I  L  S  T  O  L  I  C  A  D
K  A  J  D  B  B  J  A  F  D  C  E  O  B
P  A  P  I  R  G  Č  E  T  K  E  Y  Y  M
```

AKRIL	OLOVKE
AKVARELI	KREATIVNOST
KLEJ	VODA
ČETKE	MASTILO
KAMERA	GUMICA
STOLICA	ULJE
UGALJ	IDEJE
STALAK	PAPIR
LEPAK	PASTELA
BOJE	STO

94 - Jouets

```
A R Z U J И A U P И A H И Z
F O Y B A Y D S Y H R T A G
U B U B N J E V I D T И R И
K O Z S H S Y R P E K L C F
L T Č A R R D K A M I O N O
E E A F N J C S V O Z P D M
J F M B A A P D I V K T B I
L J A I N O T K O H A A Z L
A U C C L D R A N A I K E J
B R T I V M M A E L Y S И E
H N F K S L A G A L I C A N
И K O L A P V Š I G R E I I
K N J I G E И A T И Z N C F
Y R Z M A J A H D E Y K P C
```

KLEJ
ZANATA
AVION
LOPTA
ČAMAC
KAMION
ZMAJ
ŠAH
OMILJENI
MAŠTE

IGRE
KNJIGE
LUTKA
SLAGALICA
ROBOT
BUBNJEVI
VOZ
BICIKL
KOLA

95 - Eau

```
N M S A O E C P T R Z T D I
S R H H G B Y M O N S U N S
N A V O D N J A V A N J E P
N Z M Y U T Y S O K E A N A
V A J E Z E R O V K G H L R
K L T И B A V C P I J K M A
A D A O R E K E A Š Z K V V
N M M Ž P V L A G E P P V A
A L M I N L P O P L A V A N
L D H Z G E J Z I R R R C J
J V T P U D K E B O E K R A
T A L A S A E T N P M F И F
Z P L J S U P C U E A I G Z
J N F U R A G A N Š Z D A L
```

KANAL   NAVODNJAVANJE
TUŠ   JEZERO
ISPARAVANJA   MONSUN
REKE   SNEG
MRAZ   OKEANA
GEJZIR   URAGAN
LED   KIŠE
VLAŽNE   NATOPLJENE
VLAGE   TALASA
POPLAVA   PARE

96 - Paysages

```
F И Y H A U V O D O P A D J
V U L K A N Š S U J L A L E
D F D Y D M F Ć E L A S E Z
T E A H H O P I A J N G D E
P U O A Y R L P E Ć I N E R
U G N D Y E A I I U N B N O
S L Y D O Ž F N P E R O H
T E V D R V A B F I K D G R
I Č M V E E O S T R V O B И
N E T C K P A M O Č V A R A
J R R G E J Z I R I E S E H
I G E O L A E J K R Y A G И
P O L U O S T R V O E Y A A
R F T C H N T K Y S T V C И
```

VODOPAD	JEZERO
BRDO	MOČVARA
PUSTINJI	MORE
UŠĆA	PLANINE
REKE	OAZE
GEJZIR	POLUOSTRVO
GLEČER	PLAŽA
PEĆINE	TUNDRE
LEDENOG BREGA	DOLINI
OSTRVO	VULKAN

97 - Nombres

```
Z U Z O H J U P S K B B D D
P D Š E S N A E S T T P V E
E J D A G A J T J N U L A C
T Š E S T D M K K И E D I
N P S D S V A V R I E J E M
A C E E E A G K A I A O S A
E A T V D V K D K B D S E L
S E Č E A A E G F N V A T N
T A E T M J M T Y E A M O E
P T T И F G N N G N N O I
C R I N N V G V A A A A C K
K I R Y S A B M F E E E A E
T R I N A E S T G N S S U V
K F Č E T R N A E S T T T B
```

PET   ČETRNAEST
DVA   ČETIRI
DECIMALNE   PETNAEST
DESET   ŠESNAEST
OSAMNAEST   SEDAM
DEVETNAEST   ŠEST
SEDAMNAEST   TRINAEST
DVANAEST   TRI
OSAM   DVADESET
DEVET   NULA

98 - Nature

```
A  V  G  P  Č  E  L  E  S  V  U  A  S  D
Y  C  L  I  Š  Ć  É  A  K  K  L  I  L  I
U  N  E  E  P  B  P  И  L  Š  M  A  K  N
Y  D  Č  E  P  R  U  T  O  T  U  Y  K  A
M  R  E  K  E  O  S  S  N  N  F  M  H  M
H  A  R  F  R  B  T  D  I  V  L  J  A  I
T  S  G  F  И  L  I  A  Š  F  R  L  R  Č
P  Z  C  L  L  A  N  I  T  F  D  T  K  A
S  M  O  J  A  C  J  V  E  T  R  R  T  N
M  I  R  N  O  I  I  U  O  Y  V  O  I  A
S  V  E  T  I  L  I  Š  T  E  F  P  K  U
H  H  S  U  E  R  O  Z  I  J  E  S  A  F
H  Ž  I  V  O  T  I  N  J  E  M  K  I  E
O  B  P  S  P  O  K  O  J  A  N  E  M  P
```

PČELE	REKE
SKLONIŠTE	ŠUMA
ŽIVOTINJE	GLEČER
ARKTIK	OBLACI
LEPOTA	MIRNO
MAGLA	SVETILIŠTE
PUSTINJI	DIVLJA
DINAMIČAN	SPOKOJAN
EROZIJE	TROPSKE
LIŠĆE	

99 - Bateaux

```
Z  J  J  D  M  K  P  K  H  R  J  T  O  B
K  A  N  U  B  O  L  K  C  K  E  K  K  B
T  H  N  D  O  N  I  A  D  S  Z  H  E  A
H  T  P  S  V  O  M  J  T  B  E  V  A  J
S  E  L  K  A  P  E  A  F  K  R  P  N  A
P  M  O  R  E  A  N  K  G  M  O  C  K  R
L  O  V  T  U  C  T  A  L  A  S  A  M  B
A  R  S  R  J  E  D  R  I  L  I  C  A  O
V  E  N  A  U  T  I  Č  K  I  H  P  Y  L
C  K  V  J  D  S  P  M  O  T  O  R  A  G
G  E  U  E  U  E  I  M  O  R  N  A  R  C
P  K  A  K  Y  O  V  D  T  B  F  И  S  J
M  Z  J  T  H  J  S  S  R  V  R  A  P  R
T  A  V  Y  I  P  Z  И  P  O  P  I  M  O
```

SIDRO	MORNAR
BOVA	JARBOL
KANU	MORE
KONOPAC	MOTOR
POSADE	NAUTIČKIH
TRAJEKT	OKEAN
REKE	SPLAV
KAJAK	TALASA
JEZERO	JEDRILICA
PLIME	JAHTE

100 - Mesures

```
K И N C D P H B V T I H I M
I K Y D U N C A T O N A G I L
L E H R Ž V A J M E T A R N
O L M L I E I T И H Ž K A U
G P I Y N A C S P J K I M T
R S S T A D E C I M A L N E
A V A Z A O N S O N C O S A
M G O T H R T L J N A M M U
D U B I N A I U A M R E A B
Š I R I N A M A S E V T Z A
S И P И C A E H L A K A P E
I N Č A V S T E P E N R B D
F U M P K S A V O L U M E N
L U D O D K R A H I J M U O
```

CENTIMETAR	MASE
STEPEN	METAR
DECIMALNE	MINUT
GRAM	BAJT
VISINA	UNCA
KILOGRAM	TEŽINA
KILOMETAR	INČA
ŠIRINA	DUBINA
LITAR	TONA
DUŽINA	VOLUMEN

1 - Été

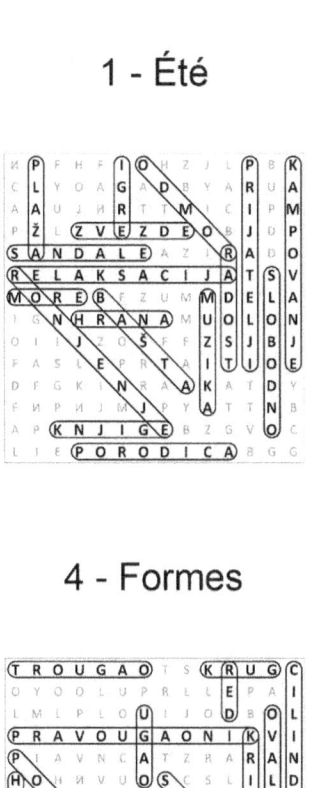

2 - Adjectifs #2

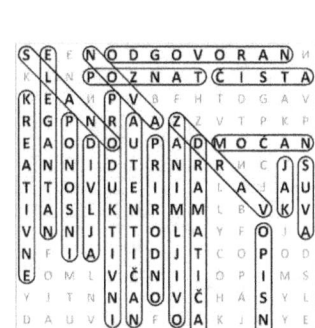

3 - Exploration

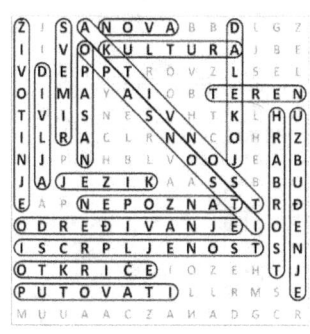

4 - Formes

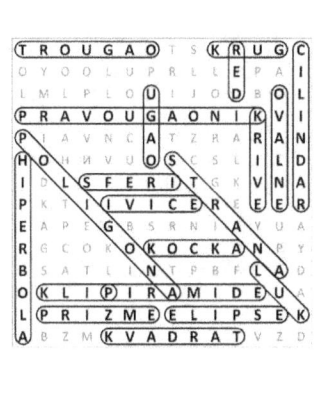

5 - Salle de Bains

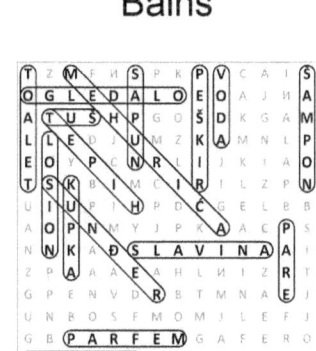

6 - Adjectifs #1

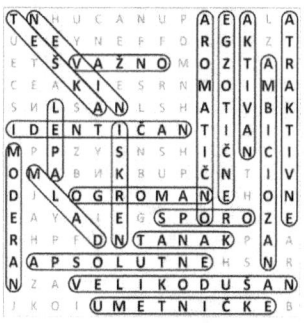

7 - Instruments de Musique

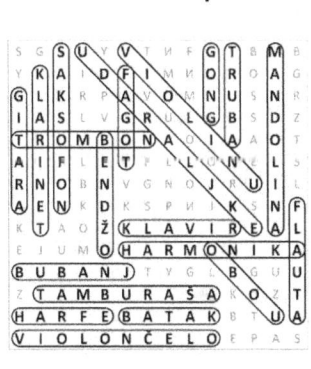

8 - Échecs

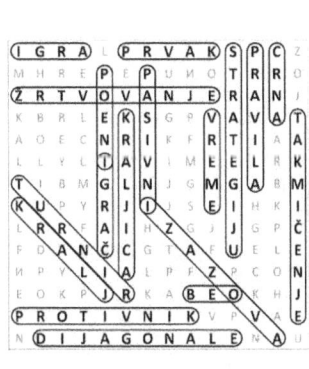

9 - Herboristerie

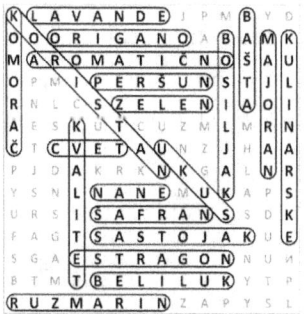

10 - Véhicules

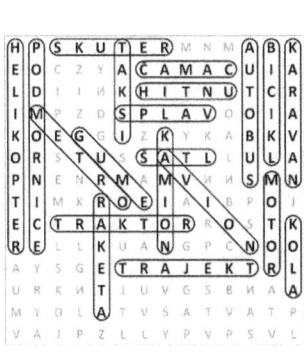

11 - Camping

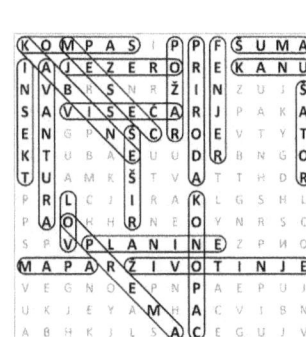

12 - Conservation

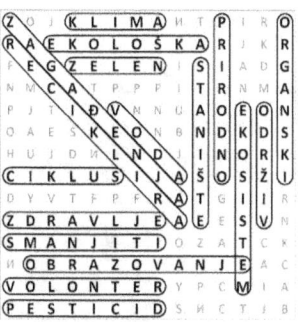

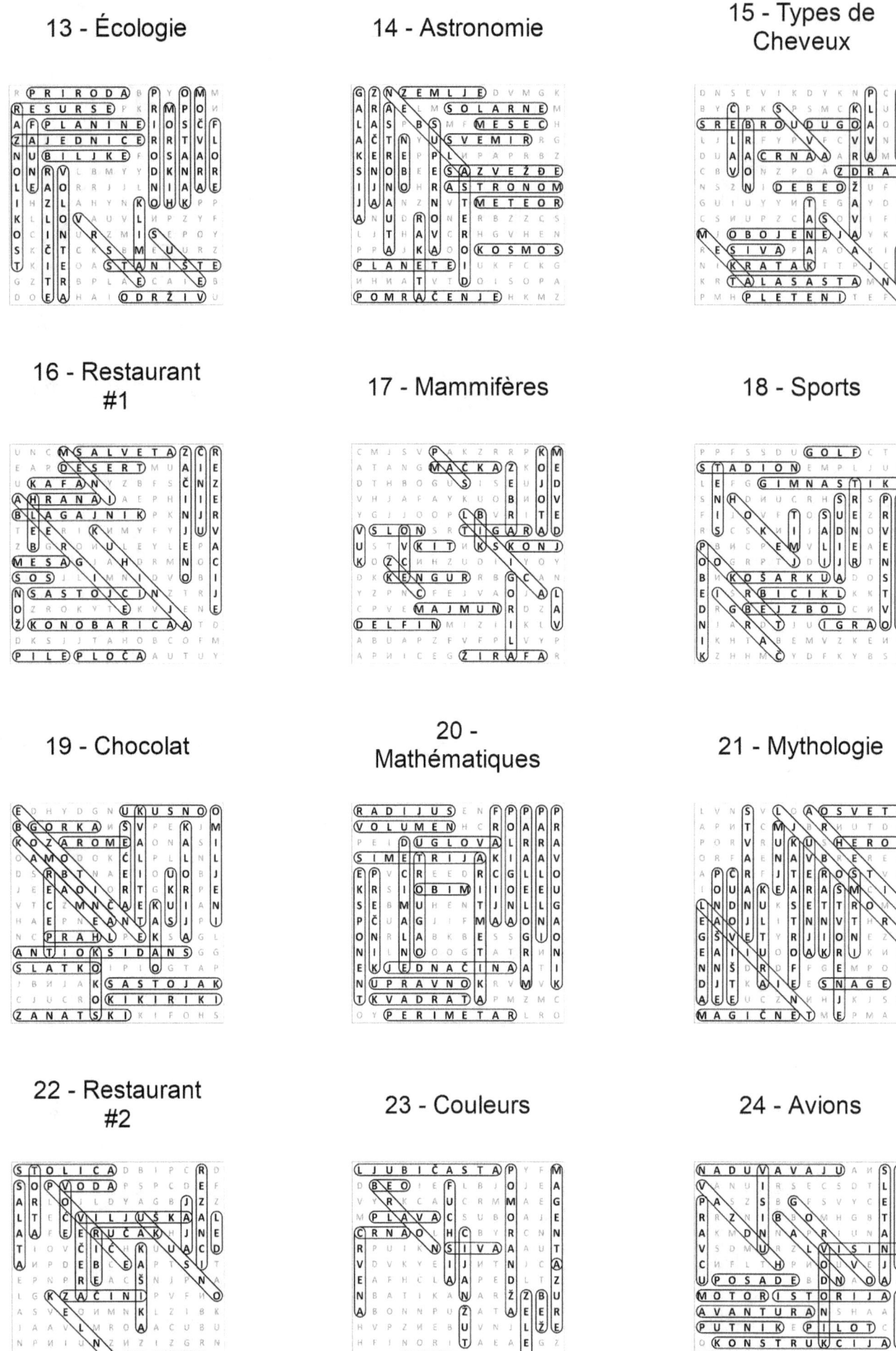

13 - Écologie

14 - Astronomie

15 - Types de Cheveux

16 - Restaurant #1

17 - Mammifères

18 - Sports

19 - Chocolat

20 - Mathématiques

21 - Mythologie

22 - Restaurant #2

23 - Couleurs

24 - Avions

25 - Aventure

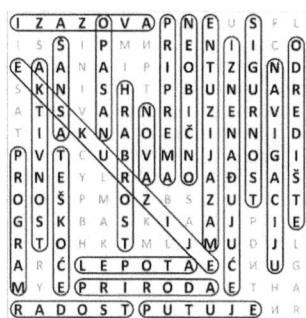

26 - Ville

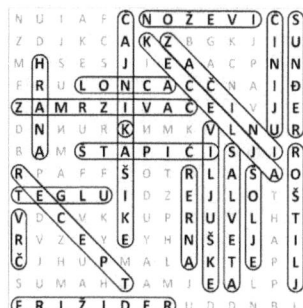

27 - Cuisine

28 - Corps Humain

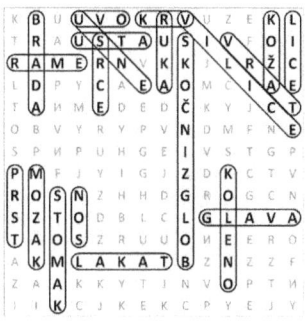

29 - Épices

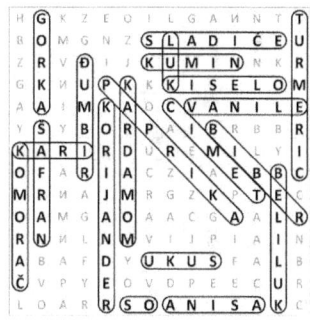

30 - Science

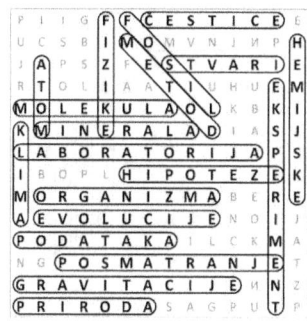

31 - Chats

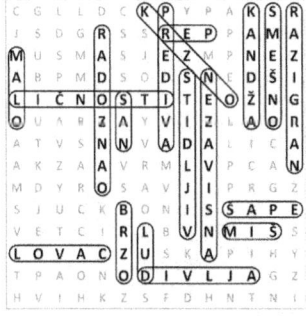

32 - Vêtements

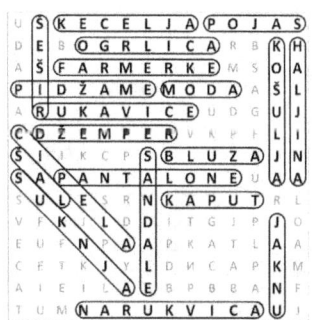

33 - Arts Visuels

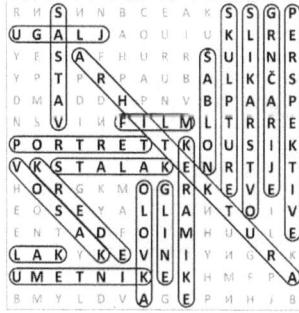

34 - Méditation

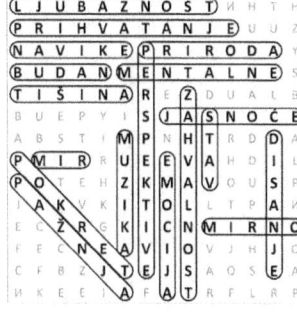

35 - Littérature

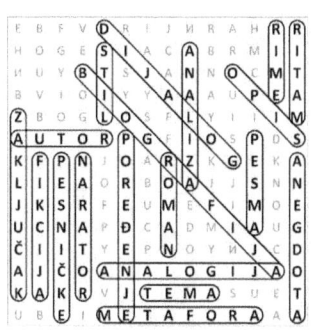

36 - Nourriture #1

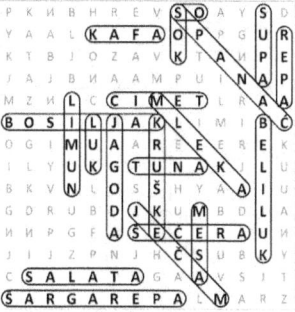

37 - Jours et Mois

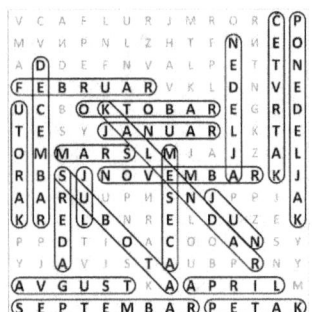

38 - Championnat

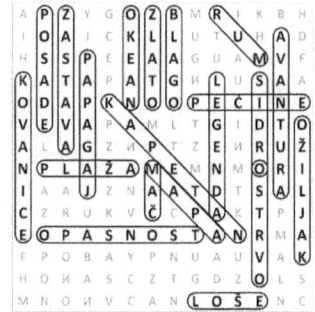

39 - Pirates

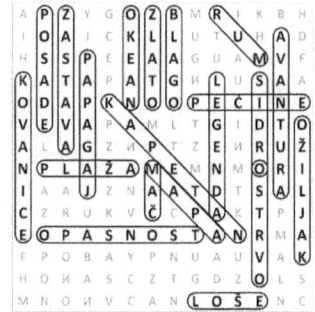

40 - Activités

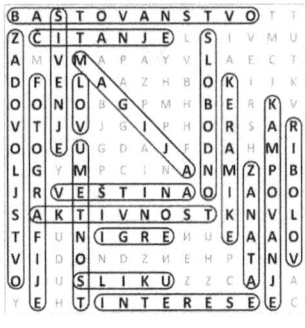

41 - Fleurs

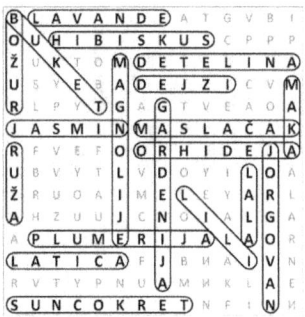

42 - Nourriture #2

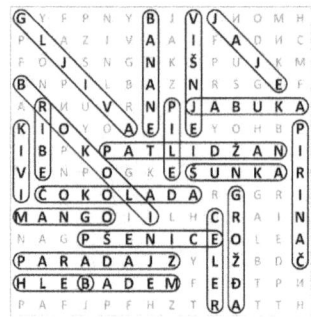

43 - Océan

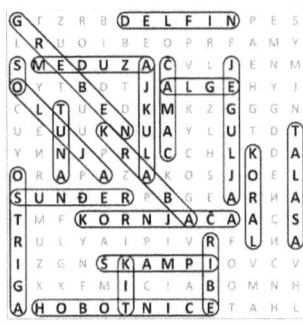

44 - Remplir

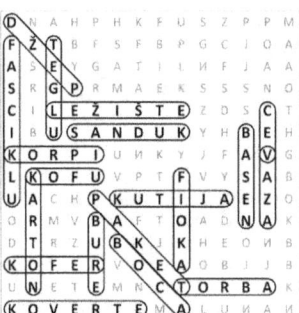

45 - Ballet

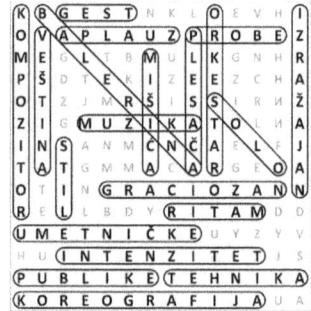

46 - Fruit

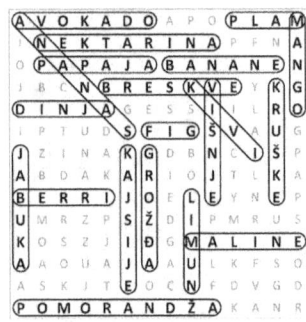

47 - Surf

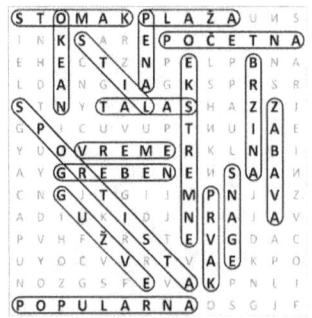

48 - Technologie

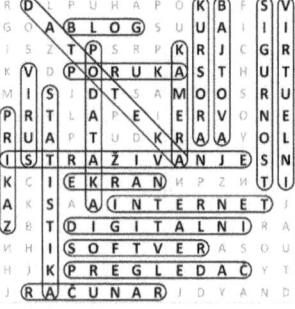

49 - Comédie

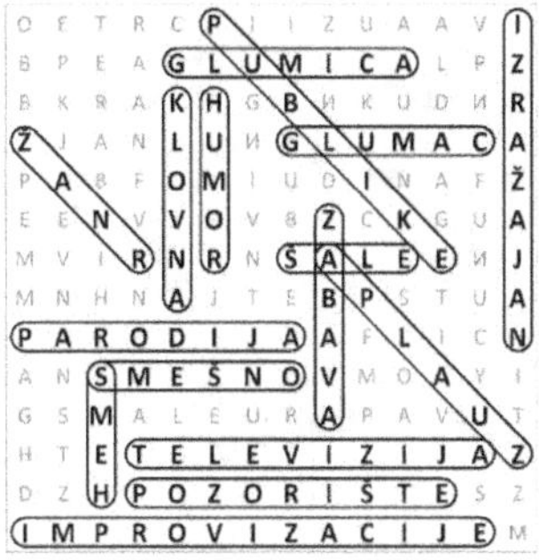

```
O F T R C P I I Z U A A V I
B K R A H G L U M I C A L D
K I A L K H B K U D I R A Ž
Z I A N G L U M A C N I A I
A M B F O L U I U D I N A N
M V I R V M Z K C J A J A J
M N H N A J T E R S A L E E
P A R O D I J A A F L I C I
G S M A L E U R A P A V U T
H T E T E L E V I Z I J A S
D Z H P O Z O R I Š T E S Z
I M P R O V I Z A C I J E M
```

50 - Météo

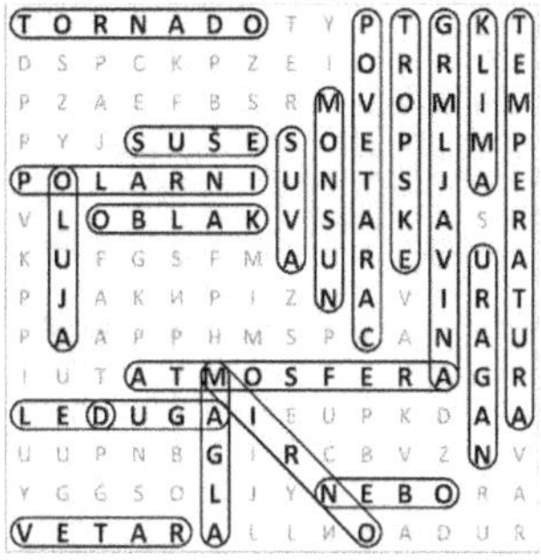

```
T O R N A D O T Y P T G K L
D S P C K P Z A O R M I E E
P Z A E E N R M L J K M I M
P Y J S U Š E S O V E L P P
P O L A R N I U T S A I E E
V L U F G S F M A K R U R R
J A K I P I Z N A V I N A A
P A A P M A S U N A A G A T
I U T A T M O S F E R A G U
L E D U G A I E U P K D A N
U U P N B G L I J Y D R A A
Y G G S O L V Y N E B O R A
V E T A R A L L M O A D U R
```

51 - Châteaux

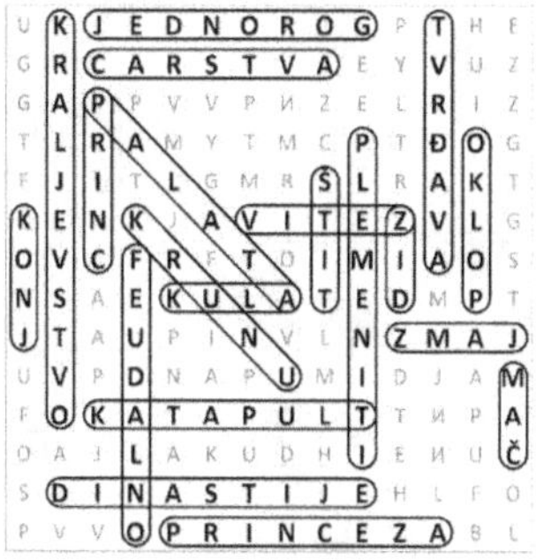

```
U K J E D N O R O G P T H E
R C A R S T V A L L V R I Z
A P A I R I V I N Z I T Đ O
I L J I T G M E I S L Đ A G
K E N K A V I T E Z V L O P
N V A E F R E T D I M I A D
S T A U P I N V L N Z M A J
U P D N A P N O M I D T M A
F O K A T A P U L T P H A M
A J L A K U D I H E U U C A
S D I N A S T I J E H L F O
P V V O P R I N C E Z A B L
```

52 - Randonnée

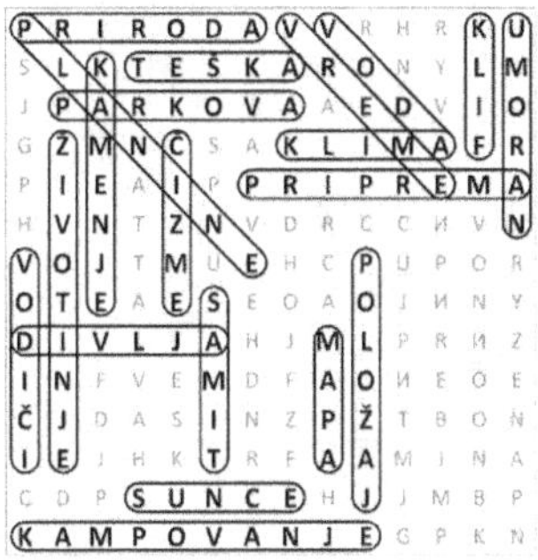

```
P R I R O D A V V R H R K U
S L K T E Š K A R O N Y I M
A P A R K O V A A E D L M O
G Z M N C S A K L I M A F R
P I E A V I J P R I P R E M A
H V N I T Z N D R Č C I V N
V O J T M U E P U P O R O I
T E A E S E O A O J I N N Y
D I V L J A H J M L P R I Z
I N F V E M D F A O N E O E
Č J D A S I T O P Ž I D O E
I C D P S U N C E H J M B P
K A M P O V A N J E G P K N
```

53 - Art

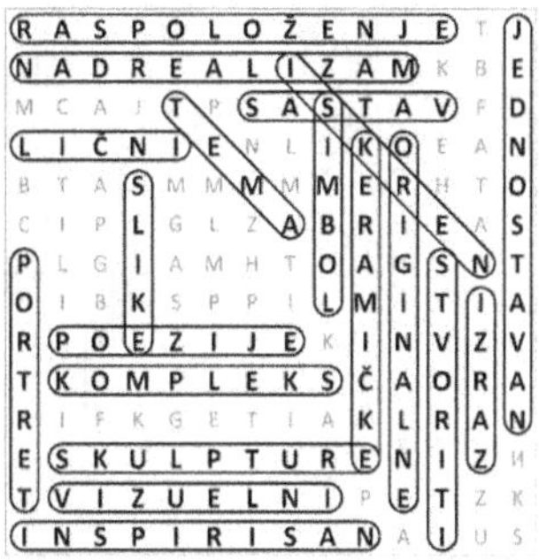

```
R A S P O L O Ž E N J E T J
N A D R E A L I Z A M L A M
M C A J T P S A S T A V E D
L I Č N I E N L I K O E N O
B T A S I M M E R I E N O S
P L G I A M H T O I B R I T
O I K I S P P I L G I N A A
R P O E Z I J E L N A J N V
T K O M P L E K S Č A L I A
R I F K G E T I A N K O R I
E S K U L P T U R E N I T Z
T V I Z U E L N I P E I T K
I N S P I R I S A N A U S
```

54 - Nutrition

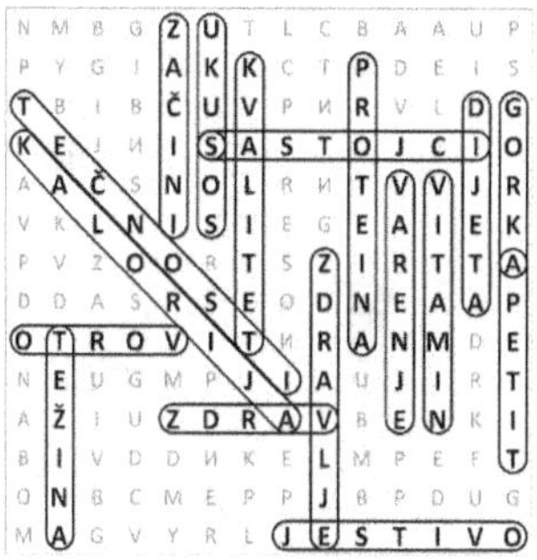

```
N M B G Z U T L C B A A U P
P Y G I A K K C T P D E I S
T B I B Č U U K R U D G O
K E J N U S A S T O J C I R
A Č S N O L R T V A R K A E
V L N I S I E T E R E I E T
D D A S R S E O Z D R A M I
O T R O V I T R A U J M I N
N E U G M P I A U E K M P E
A Ž I I J S O K E L M P F U
A C I N A H E K I E B P D U
N A G V Y R L J E S T I V O
```

55 - Science Fiction

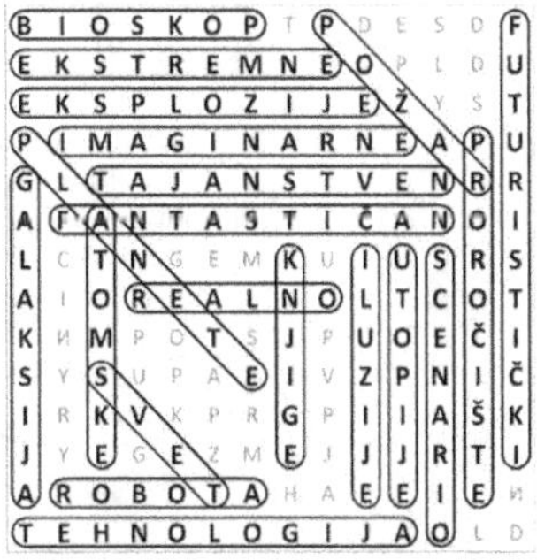

```
B I O S K O P T P D E S D F
E K S T R E M N E O P L D U
E K S P L O Z I J E P J S T
P I M A G I N A R N E A P U
G L T A J A N S T V E N R R
A C T N G E M K U N O S I I
L T N E A L U I T O C E Č S
A I E R E A L N O L T E N A T
K K S U P A E I V E N I Č I
S I J A T G R P I I J R Š K
I J A V J V U O E E E Š T I
J A R O B O T A H A E L E I
T E H N O L O G I J A O L D
```

56 - Vertus #1

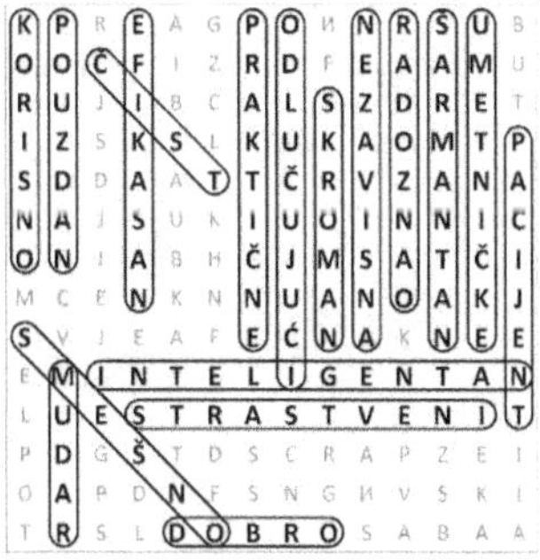

```
K P R E A G P O N S A M U
O O C F I Z R A K E Z A R Đ
R U I K S L U K E A D O R N
I Z K S A T T Č R V Z R M E
S D A A S U I U O A E T N T
N A N K N N U J M S N I N I
O V J E A F E Č N A N K N E
S V J E A F E Č N A N K N E
E M I N T E L I G E N T A N
L U E S T R A S T V E N I T
D A R P D N E S N G H V S K I
A R D O B R O S A B A A
```

57 - Professions #1

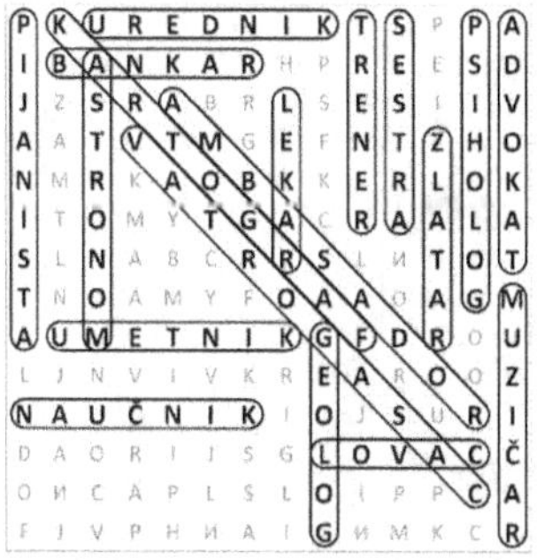

```
P K U R E D N I K T S E P A
I B A N K A R I R E S T D V
A A T V T M G E F T Z H O O
N T R A O B K E R A O L K A
I N O A M Y P O A A G A T A
A U M E T N I K G F D R U Z
L J N V I K E A I S U R I
N A U Č N I K O I S R I Č A
D A O R I S L G L O V A C A
F J V P H N A I G M K C R
```

58 - Géologie

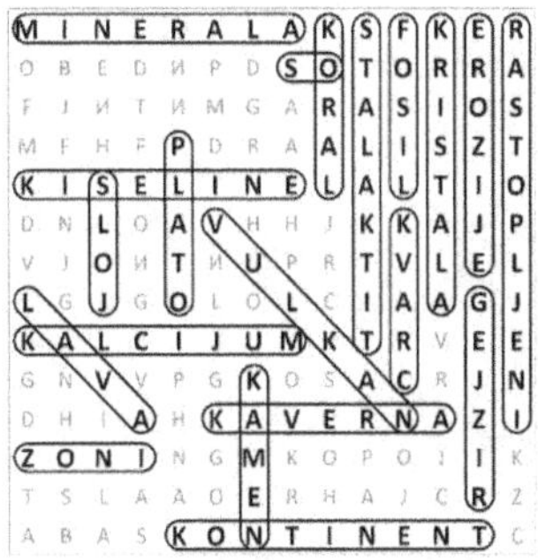

```
M I N E R A L A K S F K E R A
O B E D P D S O T A T O S T
F J N T M G A R L A S I T R
M F H P D R A L R I S T O S
K I S E L I N E L A K T J P
D N L O A T V H H I K I A L
L G L O U R P S I N T A J E
K A L C I J U M K T R V J N
G N V E P E A A O A T C R I
Z O N I S L A D E U B A Z I
T S L A A D E R H A J C R
A B A S K O N T I N E N T
```

59 - Cirque

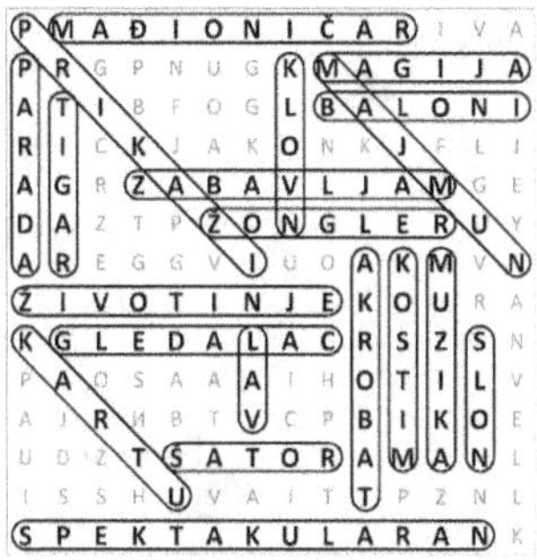

```
P M A Đ I O N I Č A R I V A
P R G P N U G K M A G I J A
A R I K I B F O G L B A L O N I
R A G A K A K O N K L J Č
D A G A Z A B A V L J A M K
A R E G V Z T Z O N G L E R U
Ž I V O T I N J E S N I U
K G L E D A L A C K O U Z
P A D S A A A O S T I K A
I U A K K O U Z S N L O N
A T Š A T O R B A T
S P E K T A K U L A R A N
```

60 - Jardin

```
T A E A A G S E G M P D P T
R A K O R O V A R K R I J R
A M B U L H L L A B U L A A
M P A F T V U O L O P K L V
P O V P T E A O A L Š U A
O L G A V I S E Č A T O P
N Č G G A R A A G R M N Č
I A R S T C R E V O Z Z I
J R A A A N V Z M H F C I
A Ž U J A D R V O E M A
T R A V N J A K C V E T N
```

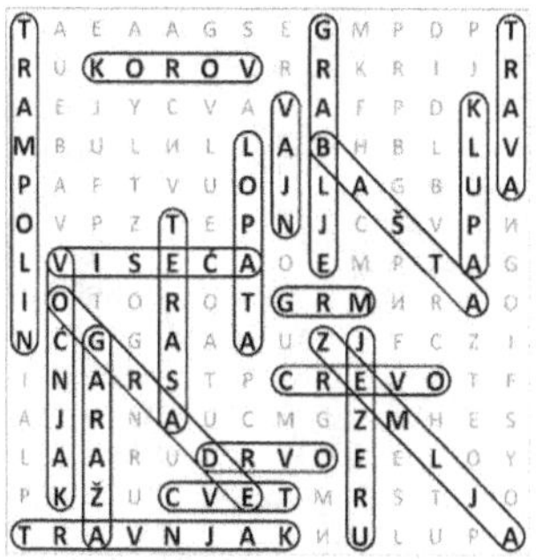

61 - Barbecues

62 - Anniversaire

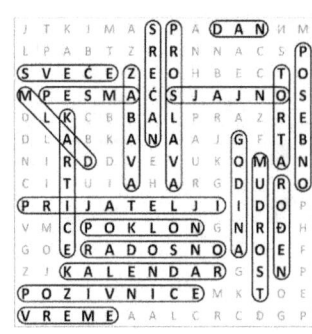

63 - Animaux de Compagnie

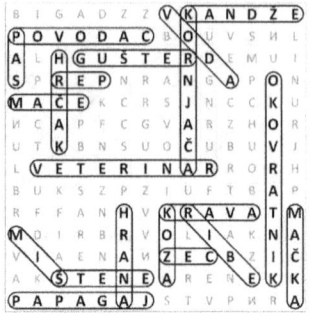

64 - Forêt Tropicale

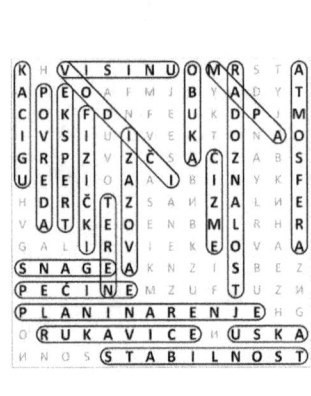

65 - Insectes

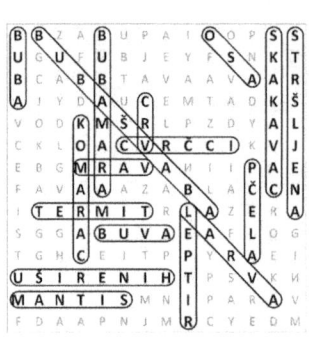

66 - Ferme #1

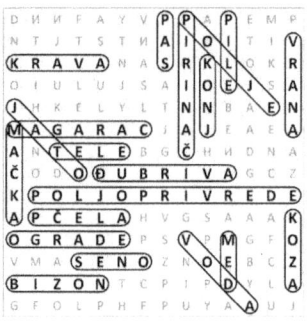

67 - Escalade

68 - École #2

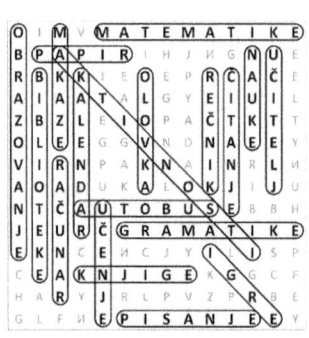

69 - Antarctique

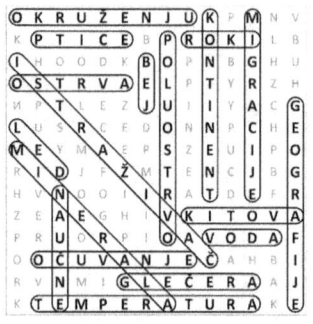

70 - Professions #2

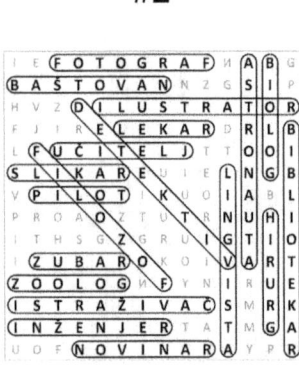

71 - Les Abeilles

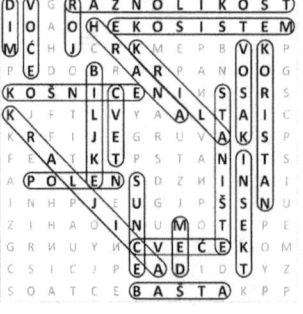

72 - Dinosaures

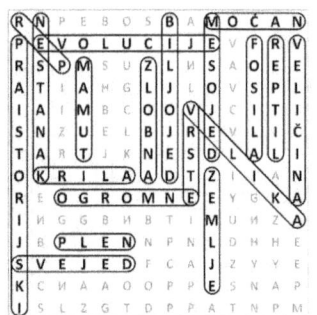

73 - Conduite

74 - Plantes

75 - Ferme #2

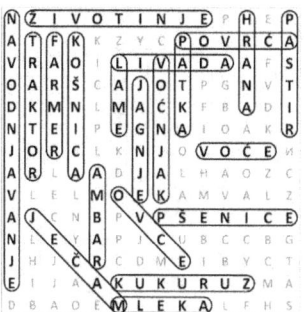

76 - École #1

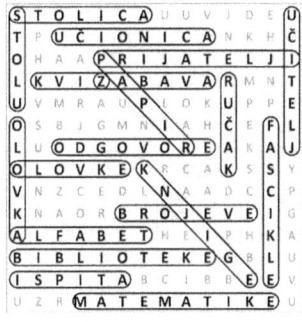

77 - Vacances #2

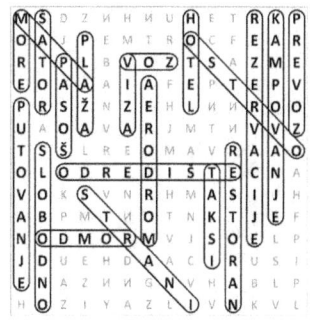

78 - Temps

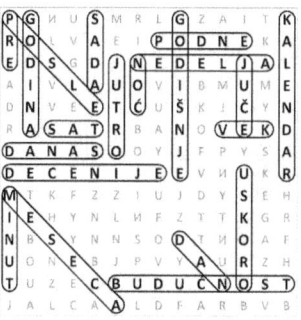

79 - Maison

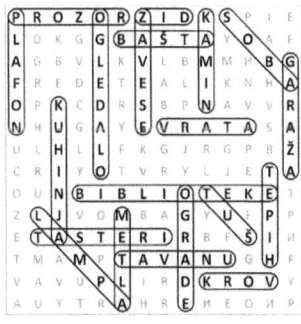

80 - Légumes

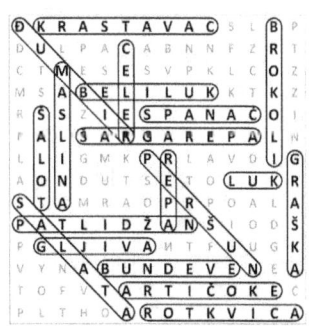

81 - Plage

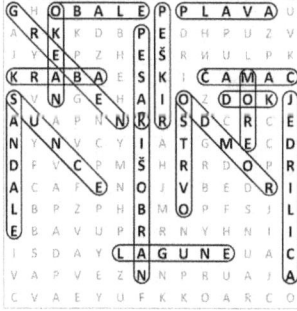

82 - Famille

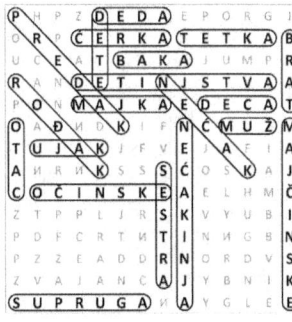

83 - Oiseaux

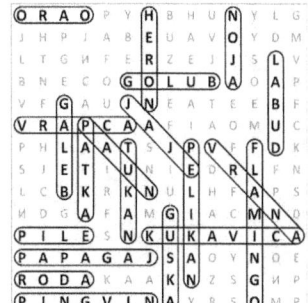

84 - Disciplines Scientifiques

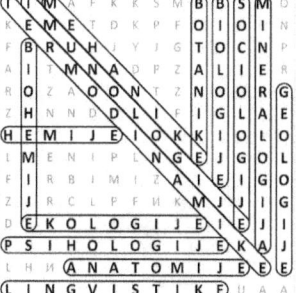

85 - Émotions

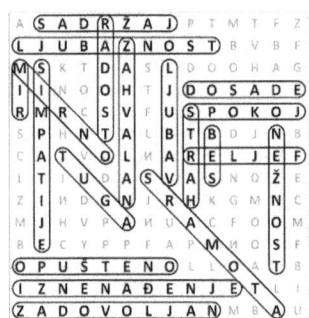

86 - Géographie

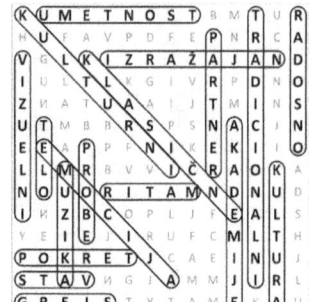

87 - Danse

88 - Bâtiments

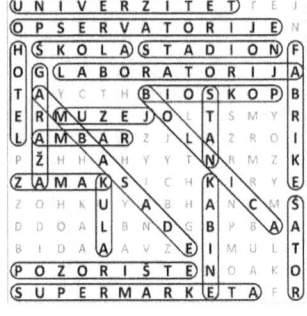

89 - Pêche

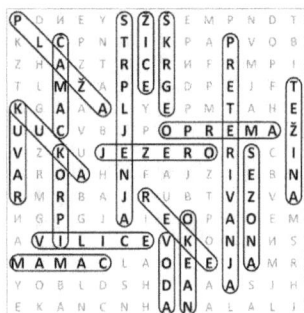

90 - Activités et Loisirs

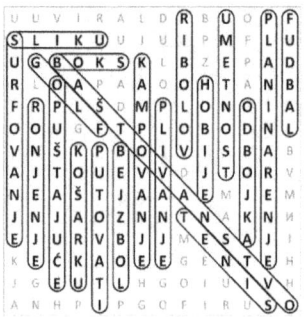

91 - Livres

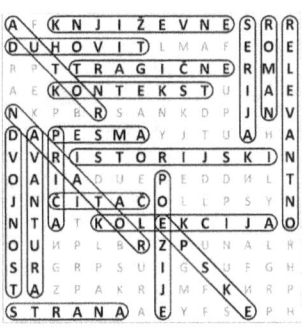

92 - Pays #2

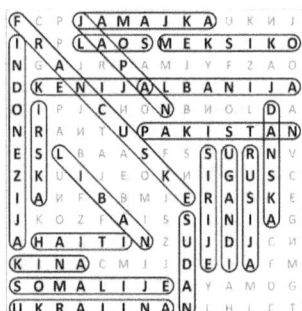

93 - Fournitures d'Art

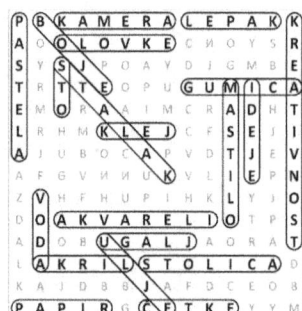

94 - Jouets

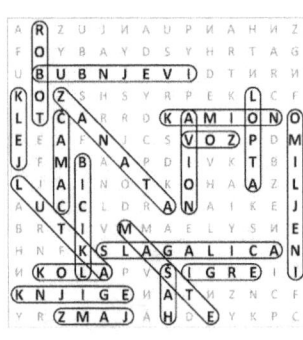

95 - Eau

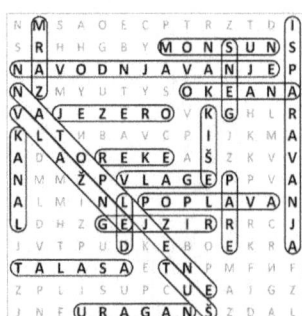

96 - Paysages

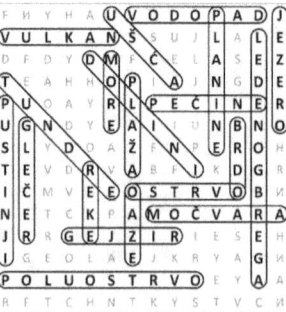

97 - Nombres

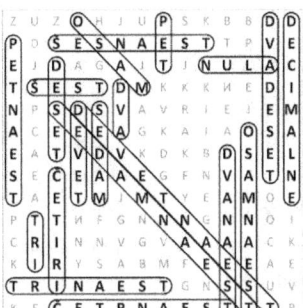

98 - Nature

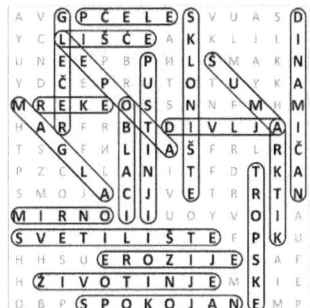

99 - Bateaux

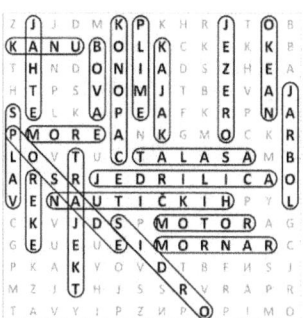

100 - Mesures

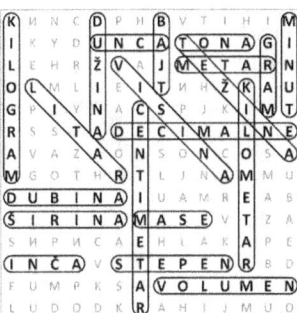

Dictionnaire

Activités
Aktivnosti

Activité	Aktivnost
Art	Umetnost
Artisanat	Zanata
Camping	Kampovanje
Céramique	Keramike
Chasse	Lov
Compétence	Veština
Couture	Šivenje
Intérêts	Interese
Jardinage	Baštovanstvo
Jeux	Igre
Lecture	Čitanje
Loisir	Slobodno
Magie	Magija
Peinture	Sliku
Pêche	Ribolov
Photographie	Fotografije
Plaisir	Zadovoljstvo
Randonnée	Planinarenje
Relaxation	Relaksacija

Activités et Loisirs
Aktivnosti i Slobodno Vr

Art	Umetnost
Base-Ball	Bejzbol
Basket-Ball	Košarku
Boxe	Boks
Camping	Kampovanje
Football	Fudbal
Golf	Golf
Jardinage	Baštovanstvo
Nager	Plivanje
Passe-Temps	Hobije
Peinture	Sliku
Pêche	Ribolov
Plongée	Ronjenje
Randonnée	Planinarenje
Relaxant	Opuštajuće
Surf	Surfovanje
Tennis	Tenis
Volley-Ball	Odbojka
Voyage	Putovati

Adjectifs #1
Придеви Бр.

Absolu	Apsolutne
Actif	Aktivan
Ambitieux	Ambiciozan
Aromatique	Aromatično
Artistique	Umetničke
Attractif	Atraktivne
Beau	Lepa
Exotique	Egzotične
Énorme	Ogroman
Généreux	Velikodušan
Honnête	Iskren
Identique	Identičan
Important	Važno
Innocent	Nevin
Jeune	Mlad
Lent	Sporo
Lourd	Teška
Mince	Tanak
Moderne	Moderan
Parfait	Savršeno

Adjectifs #2
Придеви Бр.

Authentique	Autentičan
Célèbre	Poznat
Créatif	Kreativne
Descriptif	Opisni
Doué	Nadaren
Dramatique	Dramatičan
Élégant	Elegantan
Fier	Ponosni
Fort	Jak
Intéressant	Zanimljivo
Naturel	Prirodno
Nouveau	Nova
Productif	Produktivni
Puissant	Moćan
Pur	Čista
Responsable	Odgovoran
Sain	Zdrav
Salé	Slano
Sauvage	Divlja
Sec	Suva

Animaux de Compagnie
Kućni Ljubimci

Chat	Mačka
Chaton	Mače
Chèvre	Koza
Chien	Pas
Chiot	Štene
Collier	Okovratnik
Eau	Voda
Griffes	Kandže
Hamster	Hrčak
Laisse	Povodac
Lapin	Zec
Lézard	Gušter
Nourriture	Hrana
Perroquet	Papagaj
Poisson	Ribe
Queue	Rep
Souris	Miš
Tortue	Kornjača
Vache	Krava
Vétérinaire	Veterinar

Anniversaire
Rođendan

Amis	Prijatelji
Amusement	Zabava
Année	Godina
Bougies	Sveće
Cadeau	Poklon
Calendrier	Kalendar
Cartes	Kartice
Chanson	Pesma
Fête	Proslava
Gâteau	Torta
Heureux	Srećan
Invitations	Pozivnice
Jeune	Mlad
Jour	Dan
Joyeux	Radosno
Né	Rođen
Sagesse	Mudrost
Spécial	Posebno
Super	Sjajno
Temps	Vreme

Antarctique
Антарктика

Baie	Bej
Baleines	Kitova
Chercheur	Istraživač
Conservation	Očuvanje
Continent	Kontinent
Eau	Voda
Environnement	Okruženju
Expédition	Ekspedicije
Géographie	Geografije
Glace	Led
Glaciers	Glečera
Îles	Ostrva
Migration	Migracije
Minéraux	Minerala
Oiseaux	Ptice
Péninsule	Poluostrvo
Rocheux	Roki
Scientifique	Naučne
Température	Temperatura
Topographie	Topografije

Art
Umetnost

Céramique	Keramičke
Complexe	Kompleks
Composition	Sastav
Créer	Stvoriti
Dépeindre	Portret
Expression	Izraz
Honnête	Iskren
Humeur	Raspoloženje
Inspiré	Inspirisan
Original	Originalne
Peintures	Slike
Personnel	Lični
Poésie	Poezije
Sculpture	Skulpture
Simple	Jednostavan
Sujet	Tema
Surréalisme	Nadrealizam
Symbole	Simbol
Visuel	Vizuelni

Arts Visuels
Vizuelne Umetnosti

Architecture	Arhitektura
Argile	Gline
Artiste	Umetnik
Céramique	Keramike
Charbon	Ugalj
Chef-D'Œuvre	Remek-Delo
Chevalet	Stalak
Cire	Vosak
Composition	Sastav
Craie	Krede
Crayon	Olovka
Créativité	Kreativnost
Film	Film
Peinture	Slikarstvo
Perspective	Perspektive
Pochoir	Šablon
Portrait	Portret
Poterie	Grnčarije
Sculpture	Skulpture
Vernis	Lak

Astronomie
Astronomija

Astéroïde	Asteroid
Astronaute	Astronauta
Astronome	Astronom
Ciel	Nebo
Constellation	Sazvežđe
Cosmos	Kosmos
Éclipse	Pomračenje
Équinoxe	Ravnodnevnica
Fusée	Raketa
Galaxie	Galaksija
Lune	Mesec
Météore	Meteor
Nébuleuse	Nebula
Observatoire	Opservatorije
Planète	Planete
Radiation	Zračenja
Solaire	Solarne
Supernova	Supernova
Terre	Zemlje
Univers	Svemir

Aventure
Avantura

Activité	Aktivnost
Beauté	Lepota
Bravoure	Hrabrost
Chance	Šansa
Dangereux	Opasan
Destination	Odredište
Défis	Izazova
Difficulté	Teškoće
Enthousiasme	Entuzijazam
Excursion	Ekskurzije
Inhabituel	Neobično
Itinéraire	Program
Joie	Radost
Nature	Priroda
Navigation	Navigaciju
Nouveau	Nova
Préparation	Priprema
Sécurité	Sigurnost
Surprenant	Iznenađujuće
Voyages	Putuje

Avions
Avioni

Air	Vazduh
Altitude	Visinu
Atmosphère	Atmosfera
Atterrissage	Sletanja
Aventure	Avantura
Ballon	Balon
Carburant	Gorivo
Ciel	Nebo
Construction	Konstrukcija
Descente	Silazak
Direction	Pravcu
Équipage	Posade
Gonfler	Naduvavaju
Hauteur	Visina
Histoire	Istorija
Hydrogène	Vodonik
Moteur	Motor
Passager	Putnik
Pilote	Pilot
Turbulence	Turbulencije

Ballet
Balet

Applaudissement	Aplauz
Artistique	Umetničke
Ballerine	Balerina
Chorégraphie	Koreografija
Compétence	Veština
Compositeur	Kompozitor
Danseurs	Plesača
Expressif	Izražajan
Geste	Gest
Gracieux	Graciozan
Intensité	Intenzitet
Muscles	Mišića
Musique	Muzika
Orchestre	Orkestar
Public	Publike
Répétition	Probe
Rythme	Ritam
Solo	Solo
Style	Stil
Technique	Tehnika

Barbecues
Роштиљ

Chaud	Vruće
Couteaux	Noževi
Déjeuner	Ručak
Dîner	Večera
Enfants	Deca
Été	Leto
Faim	Glad
Famille	Porodica
Fruit	Voće
Gril	Roštilj
Jeux	Igre
Légumes	Povrće
Musique	Muzika
Oignons	Luk
Poivre	Biber
Poulet	Pile
Salades	Salate
Sauce	Sos
Sel	So
Tomates	Paradajz

Bateaux
Brodovi

Ancre	Sidro
Bouée	Bova
Canoë	Kanu
Corde	Konopac
Équipage	Posade
Ferry	Trajekt
Fleuve	Reke
Kayak	Kajak
Lac	Jezero
Marée	Plime
Marin	Mornar
Mât	Jarbol
Mer	More
Moteur	Motor
Nautique	Nautičkih
Océan	Okean
Radeau	Splav
Vagues	Talasa
Voilier	Jedrilica
Yacht	Jahte

Bâtiments
Zgrade

Ambassade	Ambasade
Appartement	Stan
Cabine	Kabine
Château	Zamak
Cinéma	Bioskop
École	Škola
Garage	Garaža
Grange	Ambar
Hôpital	Bolnica
Hôtel	Hotel
Laboratoire	Laboratorija
Musée	Muzej
Observatoire	Opservatorije
Stade	Stadion
Supermarché	Supermarketa
Tente	Šator
Théâtre	Pozorište
Tour	Kula
Université	Univerzitet
Usine	Fabrike

Camping
Kampovanje

Animaux	Životinje
Aventure	Avantura
Boussole	Kompas
Cabine	Kabine
Canoë	Kanu
Carte	Mapa
Chapeau	Šešir
Chasse	Lov
Corde	Konopac
Équipement	Oprema
Feu	Požar
Forêt	Šuma
Hamac	Viseća
Insecte	Insekt
Lac	Jezero
Lanterne	Fenjer
Lune	Mesec
Montagne	Planine
Nature	Priroda
Tente	Šator

Championnat
Prvenstvo

Champion	Prvak
Championnat	Prvenstvo
Endurance	Izdržljivosti
Entraîneur	Trener
Équipe	Tim
Finaliste	Finalista
Jeux	Igre
Juge	Sudija
Ligue	Liga
Médaille	Medalja
Motivation	Motivacija
Performance	Nastup
Sports	Sport
Stratégie	Strategiju
Tournoi	Turnir
Transpiration	Znojenje
Victoire	Pobeda

Chats
Mačke

Chasseur	Lovac
Curieux	Radoznao
Dormir	San
Drôle	Smešno
Espiègle	Razigran
Fil	Prediva
Fou	Lud
Fourrure	Krzno
Griffe	Kandža
Indépendant	Nezavisna
Patte	Šape
Personnalité	Ličnosti
Peu	Malo
Queue	Rep
Rapide	Brzo
Sauvage	Divlja
Souris	Miš
Timide	Stidljiv

Châteaux
Dvorci

Armure	Oklop
Bouclier	Štit
Catapulte	Katapult
Cheval	Konj
Chevalier	Vitez
Couronne	Krunu
Dragon	Zmaj
Dynastie	Dinastije
Empire	Carstva
Épée	Mač
Féodal	Feudalno
Forteresse	Tvrđava
Licorne	Jednorog
Mur	Zid
Noble	Plemeniti
Palais	Palata
Prince	Princ
Princesse	Princeza
Royaume	Kraljevstvo
Tour	Kula

Chocolat
Čokolada

Amer	Gorka
Antioxydant	Antioksidans
Arôme	Arome
Artisanal	Zanatski
Bonbon	Bombona
Cacahuètes	Kikiriki
Cacao	Kakao
Calories	Kalorija
Caramel	Karamel
Délicieux	Ukusno
Doux	Slatko
Exotique	Egzotične
Favori	Omiljeni
Goût	Ukus
Ingrédient	Sastojak
Noix de Coco	Kokos
Poudre	Prah
Qualité	Kvalitet
Recette	Recept
Sucre	Šećera

Cirque
Cirkus

Acrobate	Akrobat
Animaux	Životinje
Ballons	Baloni
Billet	Kartu
Clown	Klovn
Costume	Kostim
Divertir	Zabavljam
Éléphant	Slon
Jongleur	Žongler
Lion	Lav
Magicien	Mađioničar
Magie	Magija
Montrer	Prikaži
Musique	Muzika
Parade	Parada
Singe	Majmun
Spectaculaire	Spektakularan
Spectateur	Gledalac
Tente	Šator
Tigre	Tigar

Comédie
Komedija

Acteur	Glumac
Actrice	Glumica
Amusement	Zabava
Applaudissement	Aplauz
Blagues	Šale
Clowns	Klovna
Drôle	Smešno
Expressif	Izražajan
Genre	Žanr
Humour	Humor
Improvisation	Improvizacije
Parodie	Parodija
Public	Publike
Rire	Smeh
Télévision	Televizija
Théâtre	Pozorište

Conduite
Vožnja

Accident	Nesreća
Camion	Kamion
Carburant	Gorivo
Carte	Mapa
Danger	Opasnost
Freins	Kočnice
Garage	Garaža
Gaz	Gas
Licence	Licencu
Moteur	Motor
Piéton	Pešak
Police	Policija
Route	Put
Rue	Ulici
Sécurité	Sigurnost
Trafic	Saobraćaja
Transport	Prevoz
Tunnel	Tunel
Vitesse	Brzina
Voiture	Kola

Conservation
Konzervacija

Bénévole	Volonter
Climat	Klima
Cycle	Ciklus
Durable	Održiv
Eau	Voda
Environnemental	Ekološka
Écosystème	Ekosistem
Éducation	Obrazovanje
Habitat	Stanište
Naturel	Prirodno
Organique	Organski
Pesticide	Pesticid
Pollution	Zagađenja
Recycler	Reciklira
Réduire	Smanjiti
Santé	Zdravlje
Vert	Zelen

Corps Humain
Ljudsko Telo

Bouche	Usta
Cerveau	Mozak
Cheville	Skočni Zglob
Cou	Vrat
Coude	Lakat
Cœur	Srce
Doigt	Prst
Estomac	Stomak
Épaule	Rame
Genou	Koleno
Lèvres	Usne
Main	Ruka
Mâchoire	Vilice
Menton	Brada
Nez	Nos
Oreille	Uvo
Peau	Koža
Sang	Krv
Tête	Glava
Visage	Lice

Couleurs
Boje

Azur	Azure
Beige	Bež
Blanc	Beo
Bleu	Plava
Cyan	Cijan
Fuchsia	Fuchsia
Gris	Siva
Jaune	Žut
Magenta	Magenta
Marron	Braon
Noir	Crna
Orange	Pomorandža
Rose	Roze
Rouge	Crvena
Sépia	Sepija
Vert	Zelen
Violet	Ljubičasta

Cuisine
Kuhinja

Baguettes	Štapići
Bol	Činiju
Bouilloire	Čajnik
Congélateur	Zamrzivač
Couteaux	Noževi
Cruche	Vrč
Cuillères	Kašike
Épices	Začini
Éponge	Sunđer
Four	Rerna
Fourchettes	Viljuške
Gril	Roštilj
Louche	Lonca
Nourriture	Hrana
Pot	Teglu
Recette	Recept
Réfrigérateur	Frižider
Serviette	Salveta
Tablier	Kecelja
Tasses	Šolje

Danse
Dance

Académie	Akademije
Art	Umetnost
Chorégraphie	Koreografija
Classique	Klasične
Corps	Telo
Culture	Kultura
Culturel	Kulturni
Expressif	Izražajan
Émotion	Emocija
Grâce	Grejs
Joyeux	Radosno
Mouvement	Pokret
Musique	Muzika
Partenaire	Partner
Posture	Stav
Répétition	Probe
Rythme	Ritam
Traditionnel	Tradicionalni
Visuel	Vizuelni

Dinosaures
Dinosaurusi

Ailes	Krila
Carnivore	Mesojed
Disparition	Nestanak
Espèce	Vrste
Énorme	Ogromne
Évolution	Evolucije
Fossiles	Fosila
Grand	Velika
Herbivore	Biljojed
Mammouth	Mamut
Omnivore	Svejed
Préhistorique	Praistorijski
Proie	Plen
Puissant	Moćan
Queue	Rep
Reptile	Reptil
Taille	Veličina
Terre	Zemlje
Vicieux	Zlobna

Disciplines Scientifiques
Naučne Discipline

Anatomie	Anatomije
Archéologie	Arheologije
Astronomie	Astronomije
Biochimie	Biohemije
Biologie	Biologije
Botanique	Botanike
Chimie	Hemije
Écologie	Ekologije
Géologie	Geologije
Immunologie	Imunologije
Linguistique	Lingvistike
Mécanique	Mehanike
Météorologie	Meteorologije
Minéralogie	Mineralogija
Neurologie	Neurologije
Physiologie	Fiziologije
Psychologie	Psihologije
Sociologie	Sociologije
Thermodynamique	Termodinamike
Zoologie	Zoologije

Eau
Voda

Canal	Kanal
Douche	Tuš
Évaporation	Isparavanja
Fleuve	Reke
Gel	Mraz
Geyser	Gejzir
Glace	Led
Humide	Vlažne
Humidité	Vlage
Inondation	Poplava
Irrigation	Navodnjavanje
Lac	Jezero
Mousson	Monsun
Neige	Sneg
Océan	Okeana
Ouragan	Uragan
Pluie	Kiše
Trempé	Natopljene
Vagues	Talasa
Vapeur	Pare

Escalade
Penjanje

Altitude	Visinu
Atmosphère	Atmosfera
Blessure	Povreda
Bottes	Čizme
Carte	Mapa
Casque	Kacigu
Curiosité	Radoznalost
Défis	Izazova
Expert	Ekspert
Étroit	Uska
Force	Snage
Formation	Obuka
Gants	Rukavice
Grotte	Pećine
Guides	Vodiči
Physique	Fizički
Randonnée	Planinarenje
Stabilité	Stabilnost
Terrain	Teren

Exploration
Istraživanje

Activité	Aktivnost
Animaux	Životinje
Courage	Hrabrost
Cultures	Kultura
Dangers	Opasnosti
Découverte	Otkriće
Détermination	Određivanje
Espace	Svemir
Excitation	Uzbuđenje
Épuisement	Iscrpljenost
Inconnu	Nepoznat
Langue	Jezik
Lointain	Dalekoj
Nouveau	Nova
Périlleux	Opasan
Sauvage	Divlja
Terrain	Teren
Voyage	Putovati

Échecs
Šah

Adversaire	Protivnik
Blanc	Beo
Champion	Prvak
Concours	Takmičenje
Défis	Izazova
Diagonal	Dijagonale
Jeu	Igra
Joueur	Igrač
Noir	Crna
Passif	Pasivni
Points	Poeni
Reine	Kraljica
Règles	Pravila
Roi	Kralj
Sacrifice	Žrtvovanje
Stratégie	Strategiju
Temps	Vreme
Tournoi	Turnir

École #1
Школа № 1

Alphabet	Alfabet
Amis	Prijatelji
Amusement	Zabava
Bibliothèque	Biblioteke
Bureau	Stolu
Chaise	Stolica
Crayon	Olovka
Des Stylos	Olovke
Déjeuner	Ručak
Dossiers	Fascikle
Enseignant	Učitelj
Examens	Ispita
Livres	Knjige
Math	Matematike
Nombres	Brojeve
Papier	Papir
Quiz	Kviz
Réponses	Odgovore
Salle de Classe	Učionica

École #2
Школа № 2

Activités	Aktivnosti
Apprentissage	Učenje
Bibliothèque	Biblioteke
Bus	Autobus
Calendrier	Kalendar
Ciseaux	Makaze
Crayon	Olovka
Dictionnaire	Rečnik
Enseignant	Učitelj
Écriture	Pisanje
Éducation	Obrazovanje
Grammaire	Gramatike
Jeux	Igre
Lecture	Čitanje
Littérature	Književnost
Livres	Knjige
Math	Matematike
Ordinateur	Računar
Papier	Papir
Science	Nauke

Écologie
Ekologija

Bénévoles	Volontera
Climat	Klima
Communautés	Zajednice
Diversité	Raznolikost
Durable	Održiv
Espèce	Vrste
Faune	Faune
Flore	Flore
Habitat	Stanište
Marais	Močvara
Marin	Morskih
Montagnes	Planine
Nature	Priroda
Naturel	Prirodno
Plantes	Biljke
Ressources	Resurse
Sécheresse	Suše
Survie	Opstanak
Variété	Različite
Végétation	Vegetacije

Émotions
Emocije

Amour	Ljubav
Calme	Mirno
Colère	Bes
Contenu	Sadržaj
Détendu	Opušteno
Embarrassé	Sramota
Ennui	Dosade
Gentillesse	Ljubaznost
Joie	Radost
Paix	Mir
Peur	Strah
Reconnaissant	Zahvalan
Relief	Reljef
Satisfait	Zadovoljan
Surprise	Iznenađenje
Sympathie	Simpatije
Tendresse	Nežnost
Tranquillité	Spokoj
Tristesse	Tuga

Épices
Začini

Aigre	Kiselo
Ail	Beli Luk
Amer	Gorka
Anis	Anisa
Cannelle	Cimet
Cardamome	Kardamom
Coriandre	Korijander
Cumin	Kumin
Curcuma	Turmeric
Curry	Kari
Fenouil	Komorač
Gingembre	Đumbir
Oignon	Luk
Paprika	Paprika
Poivre	Biber
Réglisse	Sladiće
Safran	Šafran
Saveur	Ukus
Sel	So
Vanille	Vanile

Été
Leto

Amis	Prijatelji
Camping	Kampovanje
Étoiles	Zvezde
Famille	Porodica
Jardin	Bašta
Jeux	Igre
Joie	Radost
Livres	Knjige
Loisir	Slobodno
Mer	More
Musique	Muzika
Nourriture	Hrana
Plage	Plaža
Plongée	Ronjenje
Relaxation	Relaksacija
Sandales	Sandale
Vacances	Odmor
Voyage	Putovati

Famille
Porodica

Ancêtre	Predak
Cousin	Rođak
Enfance	Detinjstva
Enfant	Dete
Enfants	Deca
Femme	Supruga
Fille	Ćerka
Frère	Brat
Grand-Mère	Baka
Grand-Père	Deda
Mari	Muž
Maternel	Majčinske
Mère	Majka
Neveu	Nećak
Nièce	Nećakinja
Oncle	Ujak
Paternel	Očinske
Père	Otac
Soeur	Sestra
Tante	Tetka

Ferme #1
Фарма Бр.

Abeille	Pčela
Agriculture	Poljoprivrede
Âne	Magarac
Bison	Bizon
Champ	Polje
Chat	Mačka
Cheval	Konj
Chèvre	Koza
Chien	Pas
Clôture	Ograde
Corbeau	Vrana
Eau	Voda
Engrais	Đubriva
Foin	Seno
Miel	Med
Poulet	Pile
Riz	Pirinač
Troupeau	Jato
Vache	Krava
Veau	Tele

Ferme #2
Фарма # 2

Agneau	Jagnje
Agriculteur	Farmer
Animaux	Životinje
Berger	Pastir
Blé	Pšenice
Canard	Patka
Fruit	Voće
Grange	Ambar
Irrigation	Navodnjavanje
Lait	Mleka
Lama	Lame
Légume	Povrća
Maïs	Kukuruz
Mouton	Ovce
Nourriture	Hrana
Orge	Ječam
Pré	Livada
Ruche	Košnica
Tracteur	Traktor
Verger	Voćnjak

Fleurs
Cveće

Bouquet	Buket
Gardénia	Gardenija
Hibiscus	Hibiskus
Jasmin	Jasmin
Lavande	Lavande
Lilas	Jorgovan
Lys	Lili
Magnolia	Magnolije
Marguerite	Dejzi
Orchidée	Orhideja
Passiflore	Passionflover
Pavot	Maka
Pétale	Latica
Pissenlit	Maslačak
Pivoine	Božur
Plumeria	Plumerija
Rose	Ruža
Tournesol	Suncokret
Trèfle	Detelina
Tulipe	Lala

Forêt Tropicale
Rainforest

Amphibiens	Vodozemci
Botanique	Botanički
Climat	Klima
Communauté	Zajednica
Diversité	Raznolikost
Espèce	Vrste
Indigène	Autohtonih
Insectes	Insekti
Jungle	Džungli
Mammifères	Sisara
Mousse	Mahovina
Nature	Priroda
Nuage	Oblaci
Oiseaux	Ptice
Précieux	Vredne
Préservation	Očuvanje
Refuge	Utočište
Respect	Poštovati
Restauration	Restauracija
Survie	Opstanak

Formes
Oblici

Arc	Luk
Bords	Ivice
Carré	Kvadrat
Cercle	Krug
Coin	Ugao
Courbe	Krive
Cône	Klip
Côté	Strana
Cube	Kocka
Cylindre	Cilindar
Ellipse	Elipse
Hyperbole	Hiperbola
Ligne	Red
Ovale	Ovalne
Polygone	Poligona
Prisme	Prizme
Pyramide	Piramide
Rectangle	Pravougaonik
Sphère	Sferi
Triangle	Trougao

Fournitures d'Art
Umetnički Pribor

Acrylique	Akril
Aquarelles	Akvareli
Argile	Klej
Brosses	Četke
Caméra	Kamera
Chaise	Stolica
Charbon	Ugalj
Chevalet	Stalak
Colle	Lepak
Couleurs	Boje
Crayons	Olovke
Créativité	Kreativnost
Eau	Voda
Encre	Mastilo
Gomme	Gumica
Huile	Ulje
Idées	Ideje
Papier	Papir
Pastels	Pastela
Table	Sto

Fruit
Voće

Abricot	Kajsije
Ananas	Ananas
Avocat	Avokado
Baie	Berri
Banane	Banane
Cerise	Višnje
Citron	Limun
Figue	Fig
Framboise	Maline
Kiwi	Kivi
Mangue	Mango
Melon	Dinja
Nectarine	Nektarina
Orange	Pomorandža
Papaye	Papaja
Pêche	Breskve
Poire	Kruške
Pomme	Jabuka
Prune	Plam
Raisin	Grožđa

Géographie
Geografija

Altitude	Visinu
Atlas	Atlas
Carte	Mapa
Continent	Kontinent
Équateur	Ekvator
Fleuve	Reke
Hémisphère	Hemisfere
Île	Ostrvo
Mer	More
Méridien	Meridijan
Monde	Svet
Montagne	Planine
Nord	Sever
Océan	Okean
Ouest	Zapad
Pays	Zemlju
Région	Regiona
Sud	Jug
Territoire	Teritorije
Ville	Grad

Géologie
Geologija

Acide	Kiseline
Calcium	Kalcijum
Caverne	Kaverna
Continent	Kontinent
Corail	Koral
Couche	Sloj
Cristaux	Kristala
Érosion	Erozije
Fondu	Rastopljeni
Fossile	Fosil
Geyser	Gejzir
Lave	Lava
Minéraux	Minerala
Pierre	Kamen
Plateau	Plato
Quartz	Kvarc
Sel	So
Stalactite	Stalaktit
Volcan	Vulkan
Zone	Zoni

Herboristerie
Herbalizam

Ail	Beli Luk
Aromatique	Aromatično
Basilic	Bosiljak
Bénéfique	Koristan
Culinaire	Kulinarske
Estragon	Estragon
Fenouil	Komorač
Fleur	Cvet
Ingrédient	Sastojak
Jardin	Bašta
Lavande	Lavande
Marjolaine	Majoran
Menthe	Nane
Origan	Origano
Persil	Peršun
Qualité	Kvalitet
Romarin	Ruzmarin
Safran	Šafran
Saveur	Ukus
Vert	Zelen

Insectes
Insekti

Abeille	Pčela
Cafard	Bubašvaba
Cigale	Cvrčci
Coccinelle	Bubamara
Fourmi	Mrav
Frelon	Stršljena
Guêpe	Osa
Larve	Larva
Libellule	Vilin Konjic
Mante	Mantis
Moustique	Komarac
Papillon	Leptir
Puce	Buva
Puceron	Uširenih
Sauterelle	Skakavac
Scarabée	Buba
Termite	Termit
Ver	Crv

Instruments de Musique
Muzički Instrumenti

Banjo	Bendžo
Basson	Fagot
Clarinette	Klarinet
Flûte	Flauta
Gong	Gong
Guitare	Gitara
Harmonica	Harmonika
Harpe	Harfe
Hautbois	Obou
Mandoline	Mandolina
Percussion	Udaraljke
Piano	Klavir
Pilons	Batak
Saxophone	Saksofon
Tambour	Bubanj
Tambourin	Tamburaša
Trombone	Trombon
Trompette	Truba
Violon	Violinu
Violoncelle	Violončelo

Jardin
Гарден

Arbre	Drvo
Banc	Klupa
Buisson	Grm
Clôture	Ograde
Étang	Jezeru
Fleur	Cvet
Garage	Garaža
Hamac	Viseća
Herbe	Trava
Jardin	Bašta
Mauvaises Herbes	Korov
Pelle	Lopata
Pelouse	Travnjak
Râteau	Grablje
Sol	Zemlja
Terrasse	Terasa
Trampoline	Trampolin
Tuyau	Crevo
Verger	Voćnjak
Vigne	Vajn

Jouets
Igračke

Argile	Klej
Artisanat	Zanata
Avion	Avion
Balle	Lopta
Bateau	Čamac
Camion	Kamion
Cerf-Volant	Zmaj
Échecs	Šah
Favori	Omiljeni
Imagination	Mašte
Jeux	Igre
Livres	Knjige
Poupée	Lutka
Puzzle	Slagalica
Robot	Robot
Tambours	Bubnjevi
Train	Voz
Vélo	Bicikl
Voiture	Kola

Jours et Mois
Dani i Meseci

Août	Avgust
Avril	April
Calendrier	Kalendar
Décembre	Decembar
Février	Februar
Janvier	Januar
Jeudi	Četvrtak
Juillet	Jul
Juin	Jun
Lundi	Ponedeljak
Mardi	Utorak
Mars	Marš
Mercredi	Sreda
Mois	Meseca
Novembre	Novembar
Octobre	Oktobar
Samedi	Subota
Semaine	Nedelja
Septembre	Septembar
Vendredi	Petak

Les Abeilles
Pčele

Ailes	Krila
Bénéfique	Koristan
Cire	Vosak
Diversité	Raznolikost
Essaim	Roj
Écosystème	Ekosistem
Fleur	Cvet
Fleurs	Cveće
Fruit	Voće
Fumée	Dim
Habitat	Stanište
Insecte	Insekt
Jardin	Bašta
Miel	Med
Nourriture	Hrana
Plantes	Biljke
Pollen	Polen
Reine	Kraljica
Ruche	Košnice
Soleil	Sunce

Légumes
Povrće

Ail	Beli Luk
Artichaut	Artičoke
Aubergine	Patlidžan
Brocoli	Brokoli
Carotte	Šargarepa
Céleri	Celer
Champignon	Gljiva
Citrouille	Bundeve
Concombre	Krastavac
Échalote	Šalot
Épinard	Spanać
Gingembre	Đumbir
Navet	Repa
Oignon	Luk
Olive	Maslina
Persil	Peršun
Pois	Graška
Radis	Rotkvica
Salade	Salata
Tomate	Paradajz

Littérature
Književnost

Analogie	Analogija
Analyse	Analiza
Anecdote	Anegdota
Auteur	Autor
Biographie	Biografija
Comparaison	Poređenje
Conclusion	Zaključak
Description	Opis
Dialogue	Dijalog
Fiction	Fikcija
Métaphore	Metafora
Narrateur	Narator
Poème	Pesma
Poétique	Pesničke
Rime	Rime
Roman	Roman
Rythme	Ritam
Style	Stil
Thème	Tema
Tragédie	Tragedije

Livres
Knjige

Auteur	Autor
Aventure	Avantura
Collection	Kolekcija
Contexte	Kontekst
Dualité	Dvojnost
Épique	Epske
Histoire	Priča
Historique	Istorijski
Humoristique	Duhovit
Inventif	Inventivni
Lecteur	Čitač
Littéraire	Književne
Narrateur	Narator
Page	Strana
Pertinent	Relevantno
Poème	Pesma
Poésie	Poezije
Roman	Roman
Série	Serija
Tragique	Tragične

Maison
Kuća

Balai	Metla
Bibliothèque	Biblioteke
Chambre	Soba
Cheminée	Kamin
Clés	Tasteri
Clôture	Ograde
Cuisine	Kuhinja
Douche	Tuš
Fenêtre	Prozor
Garage	Garaža
Grenier	Tavanu
Jardin	Bašta
Lampe	Lampa
Miroir	Ogledalo
Mur	Zid
Plafond	Plafon
Porte	Vrata
Rideaux	Zavese
Tapis	Tepih
Toit	Krov

Mammifères
Sisari

Baleine	Kit
Chat	Mačka
Cheval	Konj
Chien	Pas
Coyote	Kojota
Dauphin	Delfin
Éléphant	Slon
Girafe	Žirafa
Gorille	Gorila
Kangourou	Kengur
Lapin	Zec
Lion	Lav
Loup	Vuk
Mouton	Ovce
Ours	Medved
Renard	Lisica
Singe	Majmun
Taureau	Bik
Tigre	Tigar
Zèbre	Zebra

Mathématiques
Matematike

Angles	Uglova
Arithmétique	Aritmetika
Carré	Kvadrat
Circonférence	Obim
Décimal	Decimalne
Diamètre	Prečnik
Exposant	Eksponent
Équation	Jednačina
Fraction	Frakcija
Géométrie	Geometrije
Parallèle	Paralelni
Parallélogramme	Paralelogram
Perpendiculaire	Upravno
Périmètre	Perimetar
Polygone	Poligona
Rayon	Radijus
Rectangle	Pravougaonik
Symétrie	Simetrija
Triangle	Trougao
Volume	Volumen

Mesures
Меасурементс

Centimètre	Centimetar
Degré	Stepen
Décimal	Decimalne
Gramme	Gram
Hauteur	Visina
Kilogramme	Kilogram
Kilomètre	Kilometar
Largeur	Širina
Litre	Litar
Longueur	Dužina
Masse	Mase
Mètre	Metar
Minute	Minut
Octet	Bajt
Once	Unca
Poids	Težina
Pouce	Inča
Profondeur	Dubina
Tonne	Tona
Volume	Volumen

Méditation
Meditacija

Acceptation	Prihvatanje
Attention	Pažnja
Calme	Mirno
Clarté	Jasnoće
Compassion	Saosećanje
Émotions	Emocija
Éveillé	Budan
Gentillesse	Ljubaznost
Gratitude	Zahvalnost
Habitudes	Navike
Mental	Mentalne
Mouvement	Pokret
Musique	Muzika
Nature	Priroda
Observation	Posmatranje
Paix	Mir
Perspective	Perspektive
Posture	Stav
Respiration	Disanje
Silence	Tišina

Météo
Vreme

Arc-En-Ciel	Duga
Atmosphère	Atmosfera
Brise	Povetarac
Brouillard	Magla
Calme	Mirno
Ciel	Nebo
Climat	Klima
Glace	Led
Mousson	Monsun
Nuage	Oblak
Ouragan	Uragan
Polaire	Polarni
Sec	Suva
Sécheresse	Suše
Température	Temperatura
Tempête	Oluja
Tonnerre	Grmljavina
Tornade	Tornado
Tropical	Tropske
Vent	Vetar

Mythologie
Mitologija

Archétype	Arhetip
Catastrophe	Katastrofe
Comportement	Ponašanje
Création	Stvaranje
Créature	Stvorenje
Croyances	Uverenja
Culture	Kultura
Éclair	Munje
Force	Snage
Guerrier	Ratnik
Héros	Heroj
Immortalité	Besmrtnost
Jalousie	Ljubomore
Labyrinthe	Lavirint
Légende	Legenda
Magique	Magične
Monstre	Čudovište
Mortel	Smrtni
Tonnerre	Grmljavina
Vengeance	Osveta

Nature
Priroda

Abeilles	Pčele
Abri	Sklonište
Animaux	Životinje
Arctique	Arktik
Beauté	Lepota
Brouillard	Magla
Désert	Pustinji
Dynamique	Dinamičan
Érosion	Erozije
Feuillage	Lišće
Fleuve	Reke
Forêt	Šuma
Glacier	Glečer
Nuage	Oblaci
Paisible	Mirno
Sanctuaire	Svetilište
Sauvage	Divlja
Serein	Spokojan
Tropical	Tropske
Vital	Vitalni

Nombres
Brojevi

Cinq	Pet
Deux	Dva
Décimal	Decimalne
Dix	Deset
Dix-Huit	Osamnaest
Dix-Neuf	Devetnaest
Dix-Sept	Sedamnaest
Douze	Dvanaest
Huit	Osam
Neuf	Devet
Quatorze	Četrnaest
Quatre	Četiri
Quinze	Petnaest
Seize	Šesnaest
Sept	Sedam
Six	Šest
Treize	Trinaest
Trois	Tri
Vingt	Dvadeset
Zéro	Nula

Nourriture #1
Храна Бр.

Ail	Beli Luk
Basilic	Bosiljak
Café	Kafa
Cannelle	Cimet
Carotte	Šargarepa
Citron	Limun
Épinard	Spanać
Fraise	Jagoda
Jus	Sok
Lait	Mleka
Navet	Repa
Oignon	Luk
Orge	Ječam
Poire	Kruške
Salade	Salata
Sel	So
Soupe	Supa
Sucre	Šećera
Thon	Tuna
Viande	Mesa

Nourriture #2
Храна # 2

Amande	Badem
Aubergine	Patlidžan
Banane	Banane
Blé	Pšenice
Brocoli	Brokoli
Cerise	Višnje
Céleri	Celer
Champignon	Gljiva
Chocolat	Čokolada
Jambon	Šunka
Kiwi	Kivi
Mangue	Mango
Oeuf	Jaje
Pain	Hleb
Poisson	Ribe
Pomme	Jabuka
Poulet	Pile
Raisin	Grožđa
Riz	Pirinač
Tomate	Paradajz

Nutrition
Ishrana

Amer	Gorka
Appétit	Apetit
Calories	Kalorija
Comestible	Jestivo
Diète	Dijeta
Digestion	Varenje
Épices	Začini
Équilibré	Uravnotežen
Fermentation	Fermentacije
Ingrédients	Sastojci
Liquides	Tečnosti
Poids	Težina
Protéines	Proteina
Qualité	Kvalitet
Sain	Zdrav
Santé	Zdravlje
Sauce	Sos
Saveur	Ukus
Toxine	Otrov
Vitamine	Vitamin

Océan
Okeana

Algue	Alge
Anguille	Jegulja
Baleine	Kit
Bateau	Čamac
Corail	Koral
Crabe	Kraba
Crevette	Škampi
Dauphin	Delfin
Éponge	Sunđer
Huître	Ostriga
Méduse	Meduza
Poisson	Ribe
Poulpe	Hobotnice
Requin	Ajkula
Récif	Greben
Sel	So
Tempête	Oluja
Thon	Tuna
Tortue	Kornjača
Vagues	Talasa

Oiseaux
Ptice

Aigle	Orao
Autruche	Noja
Canard	Patka
Cigogne	Roda
Colombe	Golub
Corbeau	Vrana
Coucou	Kukavica
Cygne	Labud
Flamant	Flamingo
Héron	Heron
Manchot	Pingvin
Moineau	Vrapca
Mouette	Galeb
Oeuf	Jaje
Oie	Guska
Paon	Paun
Perroquet	Papagaj
Pélican	Pelikan
Poulet	Pile
Toucan	Tukan

Pays #2
Zemlje #2

Albanie	Albanija
Chine	Kina
Danemark	Danska
France	Francuske
Haïti	Haiti
Indonésie	Indonezija
Irlande	Irska
Jamaïque	Jamajka
Japon	Japan
Kenya	Kenija
Laos	Laos
Liban	Liban
Mexique	Meksiko
Ouganda	Ugandi
Pakistan	Pakistan
Russie	Rusija
Somalie	Somalije
Soudan	Sudan
Syrie	Sirije
Ukraine	Ukrajina

Paysages
Pejzaži

Cascade	Vodopad
Colline	Brdo
Désert	Pustinji
Estuaire	Ušća
Fleuve	Reke
Geyser	Gejzir
Glacier	Glečer
Grotte	Pećine
Iceberg	Ledenog Brega
Île	Ostrvo
Lac	Jezero
Marais	Močvara
Mer	More
Montagne	Planine
Oasis	Oaze
Péninsule	Poluostrvo
Plage	Plaža
Toundra	Tundre
Vallée	Dolini
Volcan	Vulkan

Pêche
Ribolov

Appât	Mamac
Bateau	Čamac
Branchies	Škrge
Crochet	Kuka
Cuire	Kuvar
Eau	Voda
Exagération	Preterivanja
Équipement	Oprema
Fil	Žice
Fleuve	Reke
Lac	Jezero
Mâchoire	Vilice
Océan	Okean
Panier	Korpi
Patience	Strpljenja
Plage	Plaža
Poids	Težina
Saison	Sezona

Pirates
Pirati

Ancre	Sidro
Aventure	Avantura
Capitaine	Kapetan
Carte	Mapa
Cicatrice	Ožiljak
Danger	Opasnost
Drapeau	Zastava
Épée	Mač
Équipage	Posade
Grotte	Pećine
Île	Ostrvo
Légende	Legenda
Mauvais	Loše
Océan	Okean
Or	Zlato
Perroquet	Papagaj
Pièces	Kovanice
Plage	Plaža
Rhum	Rum
Trésor	Blago

Plage
Plaža

Bateau	Čamac
Bleu	Plava
Côte	Obale
Crabe	Kraba
Dock	Dok
Île	Ostrvo
Lagune	Lagune
Mer	More
Océan	Okean
Parapluie	Kišobran
Récif	Greben
Sable	Pesak
Sandales	Sandale
Serviette	Peškir
Soleil	Sunce
Vacances	Odmor
Voilier	Jedrilica

Plantes
Biljke

Arbre	Drvo
Baie	Berri
Bambou	Bambus
Botanique	Botanike
Buisson	Grm
Cactus	Kaktus
Engrais	Đubriva
Feuillage	Lišće
Fleur	Cvet
Flore	Flore
Forêt	Šuma
Grandir	Raste
Haricot	Pasulj
Herbe	Trava
Jardin	Bašta
Lierre	Bršljan
Mousse	Mahovina
Pétale	Latica
Racine	Koren
Végétation	Vegetacije

Professions #1
Професије Бр.

Ambassadeur	Ambasador
Artiste	Umetnik
Astronome	Astronom
Avocat	Advokat
Banquier	Bankar
Bijoutier	Zlatar
Cartographe	Kartograf
Chasseur	Lovac
Danseur	Plesačica
Entraîneur	Trener
Éditeur	Urednik
Géologue	Geolog
Infirmière	Sestra
Médecin	Lekar
Musicien	Muzičar
Pianiste	Pijanista
Pompier	Vatrogasac
Psychologue	Psiholog
Scientifique	Naučnik
Vétérinaire	Veterinar

Professions #2
Професије Бр.

Astronaute	Astronauta
Bibliothécaire	Bibliotekar
Biologiste	Biolog
Chercheur	Istraživač
Chirurgien	Hirurg
Dentiste	Zubar
Détective	Detektiv
Enseignant	Učitelj
Illustrateur	Ilustrator
Ingénieur	Inženjer
Inventeur	Pronalazač
Jardinier	Baštovan
Journaliste	Novinar
Linguiste	Lingvista
Médecin	Lekar
Peintre	Slikar
Philosophe	Filozof
Photographe	Fotograf
Pilote	Pilot
Zoologiste	Zoolog

Randonnée
Planinarenje

Animaux	Životinje
Bottes	Čizme
Camping	Kampovanje
Carte	Mapa
Climat	Klima
Eau	Voda
Falaise	Klif
Fatigué	Umoran
Guides	Vodiči
Lourd	Teška
Météo	Vreme
Montagne	Planine
Nature	Priroda
Orientation	Položaj
Parcs	Parkova
Pierres	Kamenje
Préparation	Priprema
Sauvage	Divlja
Soleil	Sunce
Sommet	Samit

Remplir
Za Popunjavanje

Baril	Bure
Bassin	Basen
Boîte	Kutija
Bouteille	Boca
Caisse	Sanduk
Carton	Karton
Dossier	Fasciklu
Enveloppe	Koverte
Panier	Korpi
Paquet	Paket
Plateau	Ležište
Poche	Džep
Pot	Teglu
Sac	Torba
Seau	Kofu
Tiroir	Fioka
Tube	Cev
Valise	Kofer
Vase	Vaza

Restaurant #1
Ресторан бр. 1

Allergie	Alergije
Assiette	Ploča
Bol	Činiju
Café	Kafa
Caissier	Blagajnik
Couteau	Nož
Cuisine	Kuhinja
Dessert	Desert
Épicé	Začinjeno
Ingrédients	Sastojci
Menu	Meni
Nourriture	Hrana
Pain	Hleb
Poulet	Pile
Réservation	Rezervacije
Sauce	Sos
Serveuse	Konobarica
Serviette	Salveta
Viande	Mesa

Restaurant #2
Ресторан № 2

Boisson	Napitak
Chaise	Stolica
Cuillère	Kašika
Déjeuner	Ručak
Délicieux	Ukusno
Dîner	Večera
Eau	Voda
Épices	Začini
Fourchette	Viljuška
Fruit	Voće
Gâteau	Torta
Glace	Led
Légumes	Povrće
Nouilles	Rezanci
Oeuf	Jaja
Poisson	Ribe
Salade	Salata
Sel	So
Serveur	Kelner
Soupe	Supa

Salle de Bains
Kupatilo

Bain	Kupka
Bulles	Mehurića
Ciseaux	Makaze
Douche	Tuš
Eau	Voda
Éponge	Sunđer
Lotion	Losion
Miroir	Ogledalo
Parfum	Parfem
Robinet	Slavina
Savon	Sapun
Serviette	Peškir
Shampooing	Šampon
Tapis	Tepih
Toilette	Toalet
Vapeur	Pare

Science
Nauka

Atome	Atom
Chimique	Hemijske
Climat	Klima
Données	Podataka
Expérience	Eksperiment
Évolution	Evolucije
Fait	Stvari
Fossile	Fosil
Gravité	Gravitacije
Hypothèse	Hipoteze
Laboratoire	Laboratorija
Méthode	Metod
Minéraux	Minerala
Molécules	Molekula
Nature	Priroda
Observation	Posmatranje
Organisme	Organizma
Particules	Čestice
Physique	Fizike
Scientifique	Naučnik

Science-Fiction
Naučna Fantastika

Atomique	Atomske
Cinéma	Bioskop
Explosion	Eksplozije
Extrême	Ekstremne
Fantastique	Fantastičan
Feu	Požar
Futuriste	Futuristički
Galaxie	Galaksija
Illusion	Iluzije
Imaginaire	Imaginarne
Livres	Knjige
Monde	Svet
Mystérieux	Tajanstven
Oracle	Proročište
Planète	Planete
Réaliste	Realno
Robots	Robota
Scénario	Scenario
Technologie	Tehnologija
Utopie	Utopije

Sports
Спортови

Arbitre	Sudija
Athlète	Sportista
Base-Ball	Bejzbol
Basket-Ball	Košarku
Championnat	Prvenstvo
Entraîneur	Trener
Équipe	Tim
Gagnant	Pobednik
Golf	Golf
Gymnase	Sali
Gymnastique	Gimnastike
Hockey	Hokej
Jeu	Igra
Joueur	Igrač
Mouvement	Pokret
Stade	Stadion
Tennis	Tenis
Vélo	Bicikl

Surf
Сурфовање

Amusement	Zabava
Athlète	Sportista
Champion	Prvak
Débutant	Početna
Estomac	Stomak
Extrême	Ekstremne
Force	Snage
Foules	Gužve
Météo	Vreme
Mousse	Pena
Océan	Okean
Plage	Plaža
Populaire	Popularna
Récif	Greben
Style	Stil
Vague	Talas
Vitesse	Brzina

Technologie
Tehnologija

Affichage	Prikaz
Blog	Blog
Caméra	Kamera
Curseur	Kursora
Données	Podataka
Écran	Ekran
Fichier	Datoteka
Internet	Internet
Logiciel	Softver
Message	Poruka
Navigateur	Pregledač
Numérique	Digitalni
Octets	Bajtova
Ordinateur	Računar
Recherche	Istraživanje
Sécurité	Sigurnost
Statistiques	Statistika
Virtuel	Virtuelni
Virus	Virus

Temps
Vreme

Année	Godina
Annuel	Godišnje
Après	Posle
Aujourd'Hui	Danas
Avant	Pre
Bientôt	Uskoro
Calendrier	Kalendar
Décennie	Decenije
Futur	Budućnost
Heure	Sat
Hier	Juče
Jour	Dan
Maintenant	Sada
Matin	Jutro
Midi	Podne
Minute	Minut
Mois	Meseca
Nuit	Noć
Semaine	Nedelja
Siècle	Vek

Types de Cheveux
Tipovi Kose

Argent	Srebro
Blanc	Beo
Blond	Plava
Boucles	Lokne
Brillant	Sjajna
Chauve	Ćelav
Coloré	Obojene
Court	Kratak
Doux	Meka
Épais	Debeo
Frisé	Kovrdžava
Gris	Siva
Long	Dugo
Marron	Braon
Mince	Tanak
Noir	Crna
Ondulé	Talasasta
Sain	Zdrav
Sec	Suva
Tressé	Pleteni

Vacances #2
Одмор # 2

Aéroport	Aerodrom
Camping	Kampovanje
Carte	Mapa
Destination	Odredište
Étranger	Strani
Hôtel	Hotel
Île	Ostrvo
Loisir	Slobodno
Mer	More
Passeport	Pasoš
Plage	Plaža
Restaurant	Restoran
Réservations	Rezervacije
Taxi	Taksi
Tente	Šator
Train	Voz
Transport	Prevoz
Vacances	Odmor
Visa	Viza
Voyage	Putovanje

Vertus #1
Врлине Бр.

Artistique	Umetničke
Bon	Dobro
Charmant	Šarmantan
Curieux	Radoznao
Décisif	Odlučujući
Drôle	Smešno
Efficace	Efikasan
Fiable	Pouzdan
Généreux	Velikodušan
Indépendant	Nezavisna
Intelligent	Inteligentan
Modeste	Skroman
Passionné	Strastveni
Patient	Pacijent
Pratique	Praktične
Propre	Čist
Sage	Mudar
Utile	Korisno

Véhicules
Vozila

Ambulance	Hitnu
Avion	Avion
Bateau	Čamac
Bus	Autobus
Camion	Kamion
Caravane	Karavan
Ferry	Trajekt
Fusée	Raketa
Hélicoptère	Helikopter
Métro	Metro
Moteur	Motor
Navette	Šatl
Pneus	Gume
Radeau	Splav
Scooter	Skuter
Sous-Marin	Podmornice
Taxi	Taksi
Tracteur	Traktor
Vélo	Bicikl
Voiture	Kola

Vêtements
Odeća

Bracelet	Narukvica
Ceinture	Pojas
Chapeau	Šešir
Chaussure	Cipela
Chemise	Košulja
Chemisier	Bluza
Collier	Ogrlica
Foulard	Šal
Gants	Rukavice
Jeans	Farmerke
Jupe	Suknja
Manteau	Kaput
Mode	Moda
Pantalon	Pantalone
Pull	Džemper
Pyjama	Pidžame
Robe	Haljina
Sandales	Sandale
Tablier	Kecelja
Veste	Jaknu

Ville
Grad

Aéroport	Aerodrom
Banque	Banke
Bibliothèque	Biblioteke
Boulangerie	Pekara
Cinéma	Bioskop
Clinique	Klinici
École	Škola
Fleuriste	Cvećar
Galerie	Galerija
Hôtel	Hotel
Librairie	Knjižara
Marché	Tržište
Musée	Muzej
Pharmacie	Apoteke
Restaurant	Restoran
Stade	Stadion
Supermarché	Supermarketa
Théâtre	Pozorište
Université	Univerzitet
Zoo	Zoo Vrt

Félicitations

Vous avez réussi !

Nous espérons que vous avez apprécié ce livre autant que nous avons pris plaisir à le concevoir. Nous faisons de notre mieux pour créer des livres de la meilleure qualité possible.
Cette édition est conçue pour permettre un apprentissage intelligent et de qualité en se divertissant !

Vous avez aimé ce livre ?

Une Simple Demande

Nos livres existent grâce aux avis que vous publiez. Pourriez-vous nous aider en laissant un avis maintenant ?

Voici un lien rapide qui vous mènera à votre page d'évaluation de vos commandes :

BestBooksActivity.com/Avis50

CHALLENGE FINAL !

Défi n°1

Êtes-vous prêt pour votre jeu bonus ? Nous les utilisons tout le temps mais ils ne sont pas si faciles à trouver. Voici les **Synonymes** !

Notez 5 mots que vous avez trouvés dans les puzzles notés ci-dessous (n°21, n°36, n°76) et essayez de trouver 2 synonymes pour chaque mot.

Notez 5 Mots du **Puzzle 21**

Mots	Synonyme 1	Synonyme 2

Notez 5 Mots du **Puzzle 36**

Mots	Synonyme 1	Synonyme 2

Notez 5 Mots du **Puzzle 76**

Mots	Synonyme 1	Synonyme 2

Défi n°2

Maintenant que vous vous êtes échauffé, notez 5 mots que vous avez découverts dans les Puzzles n° 9, n° 17, n° 25 et essayez de trouver 2 antonymes pour chaque mot. Combien pouvez-vous en trouver en 20 minutes ?

Notez 5 Mots du **Puzzle 9**

Mots	Antonyme 1	Antonyme 2

Notez 5 Mots du **Puzzle 17**

Mots	Antonyme 1	Antonyme 2

Notez 5 Mots du **Puzzle 25**

Mots	Antonyme 1	Antonyme 2

Défi n°3

Formidable ! Ce défi final n'est rien pour vous.

Prêt pour le dernier défi ? Choisissez 10 mots que vous avez découverts parmi les différents puzzles et notez-les ci-dessous.

1.	6.
2.	7.
3.	8.
4.	9.
5.	10.

Maintenant, composez un texte en pensant à une personne, un animal ou un lieu que vous aimez !

Astuce: Vous pouvez utiliser la dernière page de ce livre comme brouillon !

Votre Composition :

_____

_____

_____

_____

_____

_____

_____

CARNET DE NOTES :

À TRÈS BIENTÔT !

Toute l'équipe

DECOUVREZ DES JEUX GRATUITS

GO

↓

BESTACTIVITYBOOKS.COM/FREEGAMES